Jouez le jeu !

Quatre-vingts jeux en classe
pour quatre niveaux différents

Bernard E. Crawshaw
Catherine Klauke
Rainer Klauke
Brigitte Herbaux-Schmidt
Helmut Schmidt

Jouez le jeu!
Quatre-vingts jeux en classe pour quatre niveaux différents par

Bernard E. Crawshaw
Catherine Klauke
Rainer Klauke
Brigitte Herbaux-Schmidt
Helmut Schmidt

sous la direction du département des Langues Vivantes, Editions Ernst Klett, avec la participation de Margret Hauschild, rédactrice.

Jacob Dijkstra
ISBN 90 227 6100 2
Groningen

John Murray
ISBN 0 7195 4218 9
London

Esselte Studium
ISBN 91-24-33838-9
Best. nr. 24-33838-9 (24-33838-9) B
Stockholm

National Textbook Company
ISBN 0-8442 1266-0
Etats-Unis et Canada

Otava ISBN 951-1-08439-9
Tilno D 162 K 896
Helsinki

Ernst Klett Verlag
ISBN 3-12-527280-7
Stuttgart

ISBN 3-12-527280-7

$1^{\text{ère}}$ édition 1 $^{5\ 4\ 3\ 2\ 1}$ | 1989 88 87 86 85

© Ernst Klett Verlage GmbH u. Co. KG., Stuttgart 1985.

Toute reproduction, même partielle, de cet ouvrage est interdite. Une copie ou reproduction par quelque procédé que ce soit, photographie, microfilm, bande magnétique, disque ou autre, constitue une contrefaçon passible des peines prévues par la loi du 9 septembre 1965, compte tenu des modifications de l'arrêté du 10 novembre 1972, sur la protection des droits d'auteur.
Composition: H. Aschenbroich, Stuttgart.
Imprimerie: Gutmann + Co. GmbH, Heilbronn. Imprimé en Allemagne

Table des matières

Préface 6
Comment utiliser ce recueil 7

Niveau A

1 Bingo des nombres *(0 à 30)* 9
2 La bataille navale *(jeu traditionnel, nombres de 11 à 99)* 10
3 Allô? Oui... *(nombres de 1 à 99)* 12
4 Le résultat composé *(additions et soustractions)* 13
5 Les chiffreurs *(l'heure)* 14
6 L'A.B.C. R.A.P.I.D.E. *(l'alphabet)* 15
7 Code *(orthographe, vocabulaire)* 16
8 Jongleur de lettres *(vocabulaire)* 18
9 Quoi donc? *(jeu traditionnel, alphabet, vocabulaire)* 19
10 Le cartable d'Ali Baba *(jeu traditionnel, champ lexical: matériel scolaire)* 20
11 Jacques a dit *(jeu traditionnel, impératif)* 21
12 Exécutions *(impératif)* 22
13 L'un contre l'autre *(description d'une personne)* 23

A-B

14 Calligrammes *(orthographe)* 24
15 Toc *(jeu traditionnel, nombres)* 25
16 Les dix secondes *(vocabulaire choisi, orthographe)* 26
17 Le pendu *(jeu traditionnel, vocabulaire, orthographe)* 27
18 La roulette *(vocabulaire)* 28
19 La cible *(vocabulaire)* 29
20 La toile d'araignée *(vocabulaire choisi)* 31
21 Grille des mots *(vocabulaire, orthographe)* 33
22 Croiser *(vocabulaire)* 34
23 Le mot le plus long *(vocabulaire)* 36
24 Che-val/che-veu *(vocabulaire)* 38
25 Relais *(jeu universel, vocabulaire)* 39
26 Mot mimé *(vocabulaire)* 41
27 Le Martien *(parties du corps)* 42
28 Gargantua *(nourriture, boisson, quantités)* 43

29 Parler - français *(infinitifs et substantifs)* 45
30 Pierre partout *(prépositions)* 46
31 Le grand huit *(jeu universel)* 47
32 Gravissons l'échelon *(jeu universel)* 49
33 La bonne voix *(questions et réponses)* 51
34 Ni oui, ni non *(jeu traditionel, formes négatives et affirmatives)* 52

A-B-C

35 Monsieur Teste *(vocabulaire)* 53
36 Mot de passe *(vocabulaire)* 54
37 Monts et vallées *(vocabulaire)* 55
38 Ping-pong *(vocabulaire)* 57
39 Eléphant - thé *(jeu traditionnel, vocabulaire)* 58
40 Pas de pas sans pied *(il n'y a pas de ... sans ...)* 59
41 Loto des adjectifs possessifs *(jeu universel)* 61
42 Passons le gué *(jeu universel)* 64

A-B-C-D

43 Combinaisons astucieuses *(vocabulaire)* 66
44 Les savants *(jeu universel)* 67

Niveau B

45 Le pantin *(négation)* 69
46 L'alphabet des verbes *(infinitif)* 71
47 Le participe encerclé *(jeu universel)* 72
48 Plus ou moins *(comparatif, accord des adjectifs)* 74
49 Isabelle en Italie *(prépositions, noms de pays)* 75
50 L'as des as *(vocabulaire)* 76
51 Histoire mutilée *(reproduction d'un texte)* 77

B-C

52 La lettre-clé *(vocabulaire)* 78
53 Deux mille oreilles *(nombres, combien de ...?)* 80
54 Recherches *(jeu traditionnel, interrogation)* 82
55 Vision future *(futur simple)* 83
56 Le trucassi *(conditionnel)* 85

57 Personnix *(comparatif)* 86
58 L'aimant *(description d'une personne)* 88
59 Alors, raconte! *(composition d'une histoire)* 89

B-C-D

60 Le mot caché *(expression libre)* 90
61 Seul contre tous *(vocabulaire)* 92

Niveau C

62 L'adjectif barré 94
63 Trou de mémoire *(imparfait, passé composé)* 95
64 La salade niçoise *(impératif, syntaxe)* 97
65 Si j'enchaînais les «si» *(proposition conditionnelle)* 99
66 Décrimo *(définition des mots)* 101

C-D

67 Les espions *(questions et réponses)* 102
68 Le clou *(composition d'une histoire)* 104
69 Histoire policière *(composition d'une histoire)* 105
70 Détectives *(composition d'une histoire)* 106
71 Dédé à la télé *(composition d'une histoire par écrit)* 107

Niveau D

72 Alibi *(questions et réponses)* 109
73 Le salon de l'invention *(discours indirect)* 110
74 L'homme de l'année *(civilisation française)* 112
75 Il était une fois *(composition d'un texte)* 113
76 Débat débile *(argumentation)* 115
77 L'île tropicale *(argumentation)* 117
78 Naufrage *(argumentation)* 119
79 La nouvelle terre *(argumentation)* 120
80 L'expérience NASA *(argumentation)* 121

Registre 126

Préface

Les jeux présentés dans ce livre ont été testés par leurs auteurs, enseignants dans des établissements scolaires de types et de niveaux différents et dans des cours pour adultes.

Etant donné que le jeu est aujourd'hui reconnu comme élément didactique essentiel voire indispensable à l'enseignement, il est devenu superflu de s'étendre plus longtemps sur sa signification et son utilité. Ce recueil, conçu de manière à devenir le compagnon constant du professeur de français, lui donnera l'occasion de faire jouer ses élèves sans préparation, puisque les jeux qu'il contient ne nécessitent aucun matériel, à l'exception, dans certains cas, d'un stencil.

Tout en s'orientant aux grandes lignes du programme scolaire, ce recueil est utilisable indépendamment de tout manuel.

Comment utiliser ce recueil

On y trouve différentes sortes de jeux:
- des jeux nouveaux, encore inconnus sur le marché,
- des jeux qui, bien que traditionnels, n'en connaissent pas moins un succès garanti (par exemple «Jacques a dit»),
- des jeux connus mais transformés de manière à devenir plus attrayants, grâce à l'apport d'un ou de plusieurs éléments nouveaux (par exemple la variation du «Pendu»),
- des jeux «universels» à usage multiple dont la forme peut être adaptée au but et au niveau souhaités.

Chaque présentation de jeu se compose des cinq parties suivantes:
1. But, 2. Niveau, 3. Durée, 4. Organisation, 5. Déroulement. Les rubriques *6. Remarques, 7. Variations* viendront fréquemment s'ajouter aux précédentes.

1. Les buts

Les buts mentionnés dans ce livre concernent uniquement l'acquisition de la langue, seuls les principaux d'entre eux sont formulés explicitement. La révision du vocabulaire est l'un des buts les plus fréquents, car elle répond à un besoin constant. De nombreux jeux offrent la possibilité d'employer le vocabulaire d'un domaine particulier, par exemple l'ameublement, les parties du corps etc. Le but est alors appelé «champ lexical».

Quelques-uns ont pour but précis de mettre en usage un vocabulaire limité à une unité ou leçon particulière. Dans ce cas il s'agit de «vocabulaire choisi». D'autres, enfin, ont pour objet de procurer aux élèves l'occasion de réviser le vocabulaire déjà acquis: ce sont ceux regroupés sous le terme de «vocabulaire». Une assez grande partie des jeux poursuit un autre objectif, à savoir l'emploi d'une certaine structure grammaticale telle que, par exemple, le conditionnel. Un groupe plus restreint a pour fin de donner aux élèves la possibilité de converser les uns avec les autres en français. L'on distingue entre les buts «expression libre» et «conversation», la deuxième formule n'étant réservée qu'aux jeux pendant lesquels les élèves doivent argumenter et discuter.

2. Les niveaux

Les jeux sont tous regroupés sous différents niveaux. Ceux du niveau A se pratiquent surtout dans les classes de débutants, lors de la première année d'apprentissage de la langue. Ceux du niveau B contribuent à élargir et à consolider les connaissances déjà acquises. Ils sont conçus pour les élèves un peu plus avancés qui en sont à leur deuxième année de français. Les niveaux A et B facilitent la révision du vocabulaire de base et de la grammaire élémentaire.

Les jeux du niveau C nécessitent une certaine aisance dans l'usage de la langue française et ne s'adressent qu'aux élèves qui apprennent le français depuis trois ou quatre ans.

Un dernier niveau D est essentiellement réservé aux élèves du second cycle qui sont déjà en mesure de s'exprimer couramment en français et de mener une véritable discussion.

3. La durée

Cette donnée est approximative et inclut le temps nécessaire à la présentation du jeu et à l'explication des règles.

4. L'organisation

Elle indique au professeur comment il doit répartir ses élèves pour qu'ils participent à ce jeu (exemples: groupes de 3, 2 équipes, toute la classe etc.)

5. Le déroulement

Il présente les différents éléments du jeu et en décrit les phases successives.

6. Les remarques

Elles constituent de bons points d'appui qui aideront le professeur à contourner certaines complications pouvant résulter de l'un ou l'autre des jeux ou, tout simplement, à éviter le chahut en classe. On y trouve aussi quelques propositions qui servent à modifier légèrement le déroulement du jeu.

7. Les variations

Celles-ci donnent au jeu initial un tout autre aspect en lui apportant des changements essentiels.

Niveau A

1 Bingo des nombres

But   Nombres de 0 à 30
Niveau   A
Durée   5 à 10 minutes
Organisation   Toute la classe

Déroulement   Le professeur fait dessiner aux élèves une grille de trois cases sur trois. Il leur demande d'y inscrire neuf nombres différents de 0 à 30 de leur choix. Exemple:

0	8	29
4	1	15
30	5	9

Le professeur cite des nombres de 0 à 30 dans le désordre. Les élèves cherchent dans leur grille les nombres cités et les cochent s'ils y figurent. Le premier élève qui a une suite verticale, horizontale ou diagonale de nombres cochés lève le doigt et la lit en indiquant sa direction. Le jeu continue jusqu'à ce qu'une suite de chaque direction ait été trouvée. Exemple: suite diagonale 0,1,9.

0	8	29
4	1	15
30	5	9

Remarques

1. Le professeur doit au préalable noter au tableau les mots français indiquant la direction: suite horizontale, suite verticale, suite diagonale.
2. Le professeur doit noter les nombres qu'il a cités pour vérifier l'exactitude de la solution.

Niveau A

2 La bataille navale

But Nombres cardinaux de 11 à 99
Niveau A
Durée 20 à 30 minutes
Organisation Groupes de 2

Déroulement Chaque élève dessine sur son cahier une grille de neuf cases sur neuf. Il numérote le bord gauche de 10 à 90, correspondant aux dizaines, et le bord supérieur de 1 à 9, correspondant aux unités. Sans laisser voir son jeu à son partenaire, l'élève place des bateaux de grandeur différente dans la grille: un bateau de cinq cases, un de trois cases, un de deux cases et un d'une case. Seuls les bateaux placés en diagonale ne sont pas admis. Exemple:

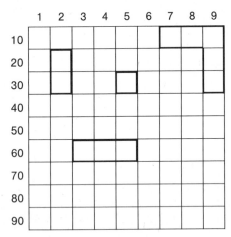

Avant de commencer le jeu, le professeur explique la façon de nommer les cases. A chaque case correspond un nombre de deux chiffres. Ici l'élève lit: «*23*».

Niveau A

De même, il explique les mots *touché*, *coulé* et *raté*.
Le premier élève (A) commence. Il propose un nombre correspondant à une case. Si l'autre élève (B) n'a rien dans celle-ci, il dit «*raté*». Si cette case est occupée par un bateau constitué d'une seule case, il dit «*coulé*». Si le bateau est constitué de plusieurs cases, il dit «*touché*». Dans ce cas, l'élève A peut proposer un autre nombre jusqu'à ce que l'élève B dise «*raté*» ou «*coulé*». Ensuite, c'est au tour de l'élève B. Le gagnant est le premier qui réussit à couler tous les bateaux de son partenaire.

Remarques

1. Les élèves connaissent souvent d'autres règles du jeu. On peut par exemple le jouer de la façon suivante: l'élève A propose un nombre mais c'est à l'élève B de continuer, même si l'élève A a touché ou coulé un bateau. Toute la classe doit suivre les mêmes règles, fixées au début du jeu par le professeur.
2. Afin de pouvoir noter les réponses de leurs partenaires, les élèves dessinent une deuxième grille identique sur leurs cahiers. Le professeur peut aussi préparer les deux grilles sur un stencil et les distribuer aux élèves.

Niveau A

3 Allô? Oui . . .

But Nombres cardinaux de 1 à 99
Niveau A
Durée 15 minutes
Organisation Toute la classe

Déroulement Le professeur demande à une moitié des élèves leur numéro de téléphone et à l'autre leur nom. Il les écrit au tableau en mélangeant bien les chiffres avec les noms. Ensuite un élève commence en disant: *«Ici le 4 35 00. J'appelle. . .»* et il ajoute un nom ou un numéro de téléphone écrit au tableau. L'élève qui est appelé répète les mêmes formules et appelle un autre élève. A chaque fois qu'un élève a été appelé le professeur efface son nom ou son numéro au tableau.

Remarques

1. S'il y a seulement 15 à 20 élèves dans la classe, le professeur peut écrire le numéro de téléphone de chaque élève au tableau sans que le jeu devienne ennuyeux et sans qu'il dure trop longtemps.
2. Le professeur doit décider à l'avance de la façon de lire les numéros selon le nombre de chiffres, exemple:

     47 24 = quarante-sept, vingt-quatre
     4 35 00 = quatre, trente-cinq, zéro zéro
     34 80 11 = trente-quatre, quatre-vingts, onze

3. Il ne faut pas oublier d'effacer le nom ou le numéro de l'élève qui commence le jeu.

Niveau A

4 Le résultat composé

But Nombres
Niveau A
Durée 5 minutes
Organisation 2 équipes

Déroulement Le professeur écrit une addition au tableau qu'il lit à haute voix. Exemple:

15 + 13

Au lieu de demander le résultat aux élèves il continue en écrivant et lisant

= 10 + 18

Une fois que les élèves ont compris le système, le professeur divise la classe en deux groupes. Il pose une nouvelle addition ou soustraction (ex.: 29 − 17 = . . .) au tableau. Un élève du groupe A doit la lire à haute voix et citer aussitôt une addition ou soustraction équivalente que le professeur écrit au tableau. Puis c'est à l'équipe B de lire l'opération et de lui trouver une équivalence. Le premier groupe qui a trouvé dix équivalences correctes a gagné.

Remarque Si les élèves ne disposent que d'une quantité de nombres limitée, le professeur explique au début du jeu quel nombre ne doit pas être dépassé.

Variation On divise la classe en trois groupes A, B et C. On envoie un représentant de chaque groupe au tableau pour y écrire les additions et soustractions proposées par les membres de son groupe. Ensuite le groupe A propose une addition, le groupe B nomme une première addition équivalente, le groupe C une seconde. Puis c'est à B de proposer l'addition initiale, à C une première addition équivalente et à A une seconde. Puis c'est à C de proposer l'addition initiale, A et B continuent.

Niveau A

5 Les chiffreurs

> **But** L'heure
> **Niveau** A
> **Durée** 10 minutes
> **Organisation** Toute la classe

Déroulement Le professeur écrit une heure au tableau. Il sépare les heures des minutes par un point. Puis, en dessous, il ajoute un chiffre et tire un trait. Ensuite il pose la question *«Quelle heure est-il?»* Un élève donne la réponse, le professeur l'écrit au tableau sous le trait. Exemple:

```
   13.45
 +   .20
   14.05
```

Pour rendre le jeu plus efficace, le professeur ne devrait pas admettre la réponse *«Il est quatorze heures cinq.»* mais uniquement: *«Il est deux heures cinq.»* De même les élèves devraient être obligés de dire *«Il est quatre heures et quart.»* au lieu de *«Il est seize heures quinze.»* Le professeur utilise le résultat obtenu comme base pour une nouvelle addition et y ajoute de nouveau un chiffre.

Remarques

1. Pour faciliter la tâche, le professeur peut faire les premiers calculs lui-même. Des explications supplémentaires seront inutiles.
2. On peut aussi partager la classe en deux et, après une première phase, faire jouer ce jeu en deux groupes.
3. Afin de varier le jeu, des soustractions peuvent être admises.

Niveau A

6 L'A.B.C. R.A.P.I.D.E.

Buts   Prononciation et identification des lettres de l'alphabet
Niveau   A
Durée   5 à 10 minutes
Organisation   Toute la classe

Déroulement   Chaque élève prépare plusieurs mots sur son cahier. Un élève commence, il choisit un de ses mots et l'épèle le plus vite possible devant les autres qui doivent le deviner.
L'élève qui devine le mot épèle un des siens à son tour.

Remarques

1. Avant le jeu, le professeur pourrait remettre en mémoire la prononciation de l'alphabet, en insistant sur les lettres difficiles : g, h, j, q, v, w, y.
2. Pour répartir l'activité sur toute la classe, le professeur peut lui-même désigner les élèves.

Niveau A

7 Code

Buts Orthographe, vocabulaire choisi **Niveau** A **Durée** 5 minutes **Organisation** Toute la classe

Déroulement Le professeur écrit au tableau:

si   59428 = CARTE
et si 794536 = GARÇON
       6341 =   ?   (NORD)

Lorsque les élèves ont compris comment il faut s'y prendre pour décoder les chiffres, le professeur choisit *d'autres* chiffres pour *d'autres* lettres. Exemple:

42573 = TABLE
4257328 =   ?   (TABLEAU) et ainsi de suite.

Variations

1. Au lieu de changer les chiffres après chaque exemple, le professeur conserve les mêmes jusqu'à la fin du jeu. En ce cas, il faut prévoir 26 nombres pour les 26 lettres de l'alphabet. Pour bien distinguer entre les nombres à un et à deux chiffres, on les sépare par des tirets, ex: 8 - 1 - 3 - 13 - 24.

2. On peut demander toute une phrase à décoder. Pour cela, le professeur donne la signification de quelques lettres-clés. Ex: E = 22, T = 7, M = 14,- I = 18. Puis le professeur écrit au tableau une liste de nombres qu'il sépare par des traits verticaux à la fin de chaque mot. Il peut encercler les lettres-clés déjà données. Exemple:

15 - ㉒ | 24 - 12 - 6 - 9 - 8 | ㉒ - 8 - ⑦ | ⑦ - ㉒ - 9 - ⑭ - ⑱ - 13 - ㉒ |
⑭ - 26 - ⑱ - 13 - ⑦ - ㉒ - 13 - 26 - 13 - ⑦ |

Les élèves doivent retransmettre le message comme suit dans leur cahier:

    E   E T TE MI   E M I TE   T
 _ _ / _ _ _ _ _ / _ _ _ / _ _ _ _ _ _ _ / _ _ _ _ _ _ _ _ _ _

Niveau A

Le premier qui décode le message «LE COURS EST TERMINÉ MAINTENANT» a gagné.

3. Le professeur peut coder les lettres de l'alphabet de 1 à 26, c'est-à-dire A = 1, B = 2, C = 3, etc. Ensuite, il donne par oral une série de chiffres, suite à quoi les élèves doivent deviner le mot. Exemple: 13, 1, 4, 1, 13, 5 donne «madame». Chaque élève code un mot en chiffres et un élève les écrit au tableau. La classe doit trouver le mot codé.

Niveau A

8 Jongleur de lettres

But Vocabulaire
Niveau A
Durée 5 minutes
Organisation Toute la classe

Déroulement Le professeur écrit en lettres capitales une suite de consonnes au tableau. Celle-ci représente un mot sans voyelles, exemple:

    TRVR - TROUVER.

Les élèves cherchent les voyelles manquantes, le professeur choisit un élève qui va écrire le mot complet au tableau. Ensuite ils peuvent écrire eux-mêmes des suites de consonnes dans leur cahier. Le professeur choisit l'un d'entre eux et l'envoie au tableau écrire sa suite. L'élève choisit parmi ceux qui lèvent la main celui qui va écrire le mot complet au tableau et qui après écrit sa propre suite de consonnes.

Variation Le professeur ou un élève écrit en lettres capitales une suite de lettres au tableau qui représente un mot dont la première et la dernière lettre manquent, exemple:

    RAVAI - TRAVAIL.

Toute la classe cherche ensemble le mot complet.

Niveau A

9 Quoi donc?

Buts Vocabulaire; alphabet; interrogatif *est-ce*
Niveau A
Durée 5 à 10 minutes
Organisation Toute la classe

Déroulement Le professeur ou un élève choisit un lieu et dit par exemple: «Dans la maison, il y a un objet qui commence par...» Les autres élèves proposent des mots qui commencent par la lettre indiquée par l'élève et demandent: «Est-ce un/une...?» Celui qui a trouvé le mot peut luimême proposer un mot et il peut aussi changer le lieu. Il pourrait donc dire: «Au supermarché/dans la rue/au marché/au restaurant/ etc....» Si aucun élève ne trouve le bon mot, la solution est donnée et le même élève continue avec un nouveau mot.

Variation En se limitant aux objets qui se trouvent dans la classe, un élève construit une phrase sur le modèle suivant: «Je vois quelque chose qui est vert.» Il pense au mot *tableau* et répond aux questions posées par ses camarades. Celui qui trouve le mot *tableau* propose à son tour une nouvelle phrase.

Niveau A

10 Le cartable d'Ali Baba

But Champ lexical: matériel scolaire
Niveau A
Durée 10 minutes
Organisation Toute la classe

Déroulement Le professeur prend une quinzaine d'objets appartenant aux élèves, les montre, les nomme, leur fait répéter les noms et les met dans un cartable vide. Puis il demande ce qu'il y a dans ce cartable et les élèves nomment les objets en employant l'article indéfini. Exemple:

Il y a une règle.

A chaque fois qu'un élève nomme un des objets, le professeur le sort du cartable. Le jeu est terminé quand tous les objets sont devinés.

Remarques

1. Au lieu de faire nommer les objets par oral, le professeur peut demander aux élèves d'en faire une liste par écrit. Au bout d'un certain temps tout le monde pose son crayon. Chaque élève compte le nombre d'objets qu'il a trouvés. Le gagnant est celui qui a la plus longue liste d'objets contenus dans le cartable. Ensuite, la liste est lue à haute voix.
2. Pour faire réviser la structure *il/elle est à ...*, on joue comme décrit ci-dessus. Après avoir sorti un objet nommé par un élève, le professeur pose la question «A qui est la règle?» et l'élève répond «Elle est à Michel.»
3. Si l'on veut faire l'exercice de la structure *c'est le/la ..., de* les élèves nomment les objets, le professeur les sort du cartable et les élèves ajoutent tout de suite à qui ils appartiennent. Exemple:

Il y a une règle. C'est la règle de Michel.

Ainsi le professeur fait aussi réviser l'article défini.
4. Pour élargir le champ lexical, on peut prendre des images représentant des objets.

Niveau A

11 Jacques a dit

But Impératif
Niveau A
Durée 5 minutes
Organisation Toute la classe

Déroulement Le professeur donne des ordres aux élèves. Exemple:

Jacques a dit: Levez le bras!
Jacques a dit: Ouvrez votre livre!
Levez la tête!

Il leur explique qu'ils ne doivent obéir qu'aux ordres précédés de *Jacques a dit:*... Si un ou plusieurs élèves réagissent à un ordre non précédé de cette formule, ils sont éliminés. Un élève se place devant la classe et donne des ordres à ses camarades. Le dernier à être éliminé devient meneur du jeu.

Remarque La réussite de ce jeu dépend de la rapidité avec laquelle celui-ci est joué.

Niveau A

12 Exécutions

> **But** Impératif
> **Niveau** A
> **Durée** 10 minutes
> **Organisation** 2 moniteurs et 2 équipes

Déroulement Chaque équipe dispose d'un moniteur. Le professeur nomme des impératifs, par exemple *«Mets les livres de Catherine sous la table du professeur.»* Dès que l'impératif est nommé, les moniteurs appellent un élève de leur groupe. C'est à eux d'exécuter l'ordre qui a été donné. L'élève qui l'exécute le premier, gagne un point pour son groupe.

Remarques

1. Le professeur doit veiller à ne pas avantager un groupe plus que l'autre; exemple: *«Ouvre la fenêtre!»* Cet exemple donne l'avantage au groupe assis côté fenêtre. *«Ouvre la porte!»* donne l'avantage au groupe assis côté porte.
2. Les moniteurs n'ont pas le droit d'appeler un élève de leur groupe plus d'une fois.
3. Le professeur choisit comme moniteurs deux élèves qu'il croit vifs et qui feront preuve de tactique pour choisir l'élève qui saura le mieux faire ce qu'on lui dit. Pour l'exécution de l'ordre *«Montre le cahier de Caroline.»* le moniteur devra choisir un élève assis près de Caroline. Pour suivre l'ordre: *«Mets ton cartable sur l'armoire.»* il faudra choisir un élève qui soit à la fois grand et près de l'armoire.
4. A un niveau plus élevé, on peut aussi inclure les parties du corps dans les ordres. Exemple: *«Touche ton nez avec ton genou.»*

Niveau A

13 L'un contre l'autre

Buts   Description d'une personne; champs lexicaux: habillement, couleurs; accord des adjectifs
Niveau   A
Durée   10 à 20 minutes
Organisation   2 élèves devant la classe

Déroulement   Le professeur choisit deux élèves qui se mettent dos à dos devant la classe et qui n'ont pas le droit de se retourner. Ils doivent se décrire l'un l'autre. Celui dont la description est la plus détaillée est gagnant.

Remarque   Pour élargir les possibilités de description, on choisira de préférence un garçon et une fille.

Variations

1. Le professeur désigne un bon élève. Il lui chuchote le nom d'un autre élève qu'il aura choisi lui-même d'après son habillement. Il place le premier devant la classe. Il lui demande de donner une description du second sans le nommer. La classe doit deviner la personne décrite.
2. Pendant qu'un élève quitte la classe, les autres choisissent un camarade. L'élève rentre et doit deviner la personne décrite par ses camarades. Le professeur veillera à ce que chaque élève ne donne qu'un renseignement. Cette alternative permet à chacun de s'exprimer selon son niveau.
3. Un élève quitte la classe. Les autres le décrivent de mémoire. L'un d'entre eux note la description. On fait entrer l'élève et on compare la description notée à la réalité.

Niveau A

14 Calligrammes

But Orthographe
Niveau A, B
Durée 5 à 10 minutes
Organisation Toute la classe

Déroulement Le professeur explique que l'on peut écrire certains mots de façon à expliquer leur signification par leur forme. Il écrit quelques exemples au tableau:

S☀leil   P🗼RIS

Ensuite il demande aux élèves de représenter des mots de leur choix dans leurs cahiers.

Remarques

1. Pendant que les élèves représentent les mots, le professeur repère les meilleurs calligrammes et ces élèves vont au tableau pour les écrire quand le reste de la classe a terminé.
2. Ce jeu s'apprête surtout après des phases de grande activité, pendant le dernier cours avant ou le premier après les vacances.
3. Exemples de calligrammes:

Locomotive   Montagne
c♥eur   Tara☂lu☂ie   s🌲pin
Bri🕯guet   corde   c🪑aise
CERCLE   guitar🎸

Niveau A

15 Toc

But Nombres
Niveau A, B
Durée 5 minutes
Organisation Toute la classe

Déroulement Le professeur demande d'abord aux élèves de commencer à compter tous ensemble. Puis il explique qu'il faut remplacer tous les multiples de *3* par un *toc*. Toute la classe se lève et le professeur interroge les élèves. Le premier élève dit «un«, le suivant «deux», le troisième «toc», le quatrième «quatre» et ainsi de suite. Lorsqu'un élève se trompe, il est éliminé et doit s'asseoir. On recommence avec le chiffre «un».

Remarques

1. Pour rendre le jeu plus compliqué on le commence à partir de 20.
2. Il existe différentes règles à ce jeu:
   – on remplace les multiples d'un autre nombre par *toc*,
   – on remplace les multiples de 3 **et** les nombres contenant un 3 :   3, 6, 9, 12, 13, 15, 18, 21, 23, 24, … par *toc*,
   – on remplace les multiples de 3 par *toc* **et** les multiples de 7 par *boum*: 1, 2, toc, 4, 5, boum, 8, toc, …
3. A un niveau plus élevé, on peut faire les mêmes jeux, mais en comptant à l'envers.

Niveau A

16 Les dix secondes

Buts Orthographe, vocabulaire choisi
Niveau A, B
Durée 10 minutes
Organisation 2 équipes

Déroulement Le professeur choisit un élève pour être le chronométreur. Il divise le reste de la classe en deux équipes A et B. Chacune se choisit un meneur de jeu. Le chronométreur donne le signal de départ grâce à un *«top»* et après dix secondes, il prononce de nouveau *«top»*, signalant l'arrêt du jeu.

Le signal de départ donné, le professeur commence à écrire la première lettre d'un mot au tableau, puis continue lentement en écrivant les lettres suivantes. Pendant ce temps, les élèves cherchent de quel mot il s'agit. L'élève qui veut proposer un mot est interrogé par le meneur de jeu de son équipe. Celui qui trouve le bon mot marque un point pour son équipe.

Ensuite, le professeur commence un nouveau mot au signal donné par le chronométreur, et ainsi de suite.

Remarques

1. Même si un élève trouve la bonne réponse avant que le professeur n'ait écrit toutes les lettres du mot, celui-ci finit d'écrire le mot entier.
2. Le jeu s'adapte bien à la révision du vocabulaire appris récemment.
3. Le professeur écrit lentement au tableau en se retournant souvent vers la classe avant de continuer d'écrire ses lettres.
4. L'utilisation d'un rétroprojecteur est préférable au tableau afin que le professeur ne cache pas le mot en l'écrivant.

Variation Le professeur dessine lentement un objet au tableau. De la même façon que dans le jeu décrit ci-dessus, les élèves doivent découvrir le mot représenté par le dessin en moins de dix secondes ou plus selon le niveau de la classe et selon les mots choisis. Ce jeu peut se jouer sans diviser la classe en deux équipes. Dans ce cas, un élève propose un mot et appelle tout de suite un autre élève qui a un mot à proposer jusqu'à ce que le professeur ait terminé le dessin ou qu'un élève ait donné la bonne réponse.

Niveau A

17 Le pendu

Buts Vocabulaire, orthographe
Niveau A, B
Durée 5 minutes
Organisation Toute la classe

Déroulement Le professeur pense à un mot mais ne le dit pas. Il invite les élèves à le deviner en lui proposant des lettres. Il fait des traits au tableau, chacun d'eux représentant une lettre du mot : - - - - - (mot de 5 lettres). Si un élève propose une lettre qui est contenue dans ce mot, le professeur écrit la lettre à sa place au-dessus du tiret. Si la lettre n'est pas dans le mot pensé, le professeur commence alors le dessin d'une potence et d'un pendu en 10 parties. La classe doit deviner le mot avant que le pendu ne soit entièrement dessiné.

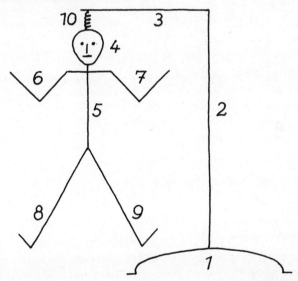

Variation Au deuxième tour, un élève remplace le professeur au tableau. Pour éviter des fautes d'orthographe et pour permettre un contrôle, l'élève doit montrer le mot choisi au professeur.
Pour des élèves plus rusés on peut écrire la première lettre devinée en première position, la seconde lettre en seconde position et ainsi de suite. On obtient un anagramme que les élèves essaient de déchiffrer.

Niveau A

18 La roulette

But Vocabulaire
Niveau A, B
Durée 5 minutes
Organisation Toute la classe

Déroulement   Le professeur fait le dessin suivant au tableau:

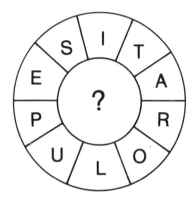

Les élèves essaient de trouver le plus de mots possibles à partir de quelques-unes de ces lettres, p. ex.: «p o r t e». Ils peuvent employer une même lettre plusieurs fois et remplacer le point d'interrogation par une lettre de leur choix qui n'est pas inscrite dans la roulette, p. ex.: c → «c l a s s e».

Après cinq minutes, un élève ou le professeur écrit les mots trouvés au tableau.

Remarques

1. A un niveau plus élevé, le professeur peut donner la règle suivante: les élèves remplacent le point d'interrogation par une lettre de leur choix. Celle-ci reste fixe pour chaque élève pendant le jeu.

2. Le choix des lettres de la roulette n'est pas arbitraire mais permet de nombreuses combinaisons. Il est donc conseillé de le garder.

19 La cible

But Vocabulaire
Niveau A, B
Durée 10 à 15 minutes
Organisation Se joue seul

Déroulement   Le professeur distribue à chaque élève une feuille où figure la cible ci-dessous:

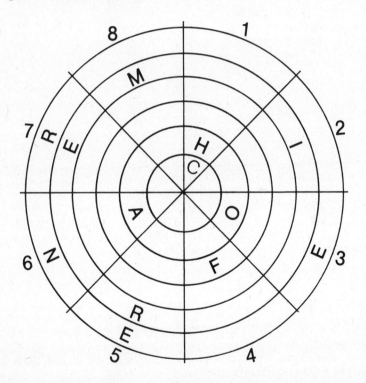

Niveau A

Les élèves doivent remplir chaque rayon d'un mot de six lettres qui comprend les lettres qui y sont déjà écrites (ex.: rayon 6: **GARÇON**). Selon les mots qui leur viennent à l'esprit, ils remplissent les rayons en partant de l'extérieur de la cible vers l'intérieur ou vice-versa. Le premier qui a rempli la cible de mots a gagné. Exemples:

rayon 1: chaise
rayon 2: ouvrir; citron
rayon 3: douche
rayon 4: enfant
rayon 5: rendre
rayon 6: garçon
rayon 7: coûter; retour
rayon 8: légume

Niveau A

20 La toile d'araignée

But   Vocabulaire choisi
Niveau   A, B
Durée   15 minutes
Organisation   Se joue seul

Déroulement   Le professeur distribue à chaque élève une feuille avec le dessin ci-dessous:

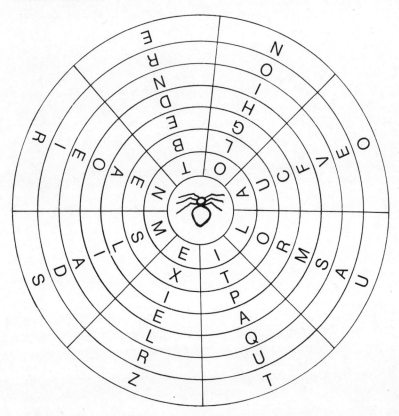

Niveau A

Il demande aux élèves de trouver le plus de mots possible. Les élèves doivent utiliser pour chaque mot des lettres qui se trouvent dans la toile d'araignée. Ces mots sont composés de 8 lettres au maximum et doivent avoir 3 lettres au minimum. La première lettre, symbolisée par l'araignée, est au choix des élèves. La seconde lettre doit être choisie à l'intérieur du premier cercle, la troisième à l'intérieur du deuxième etc.

Exemples: *six, elle, table, citron, atelier.*

Niveau A

21 Grille des mots

Buts Vocabulaire, orthographe
Niveau A, B
Durée 10 à 15 minutes
Organisation Se joue seul

Déroulement Le professeur dessine au tableau une grille de 5 cases sur 5. Il inscrit dans chaque case une lettre. Il demande ensuite aux élèves de trouver en cinq minutes les mots contenus dans cette grille. Il est permis d'utiliser les lettres dans tous les sens, pourvu que les cases se touchent. Exemple :

R	U	O	N	E
I	E	V	I	L
C	T	E	U	B
H	E	S	T	A
L	A	I	M	T

Une même lettre peut être utilisée plusieurs fois. Lorsque les cinq minutes sont écoulées, les élèves s'arrêtent d'écrire. Un volontaire va au tableau pour y écrire tous les mots trouvés par la classe. Le professeur peut compléter la liste si besoin.

Remarques

1. Le professeur peut demander que les élèves trouvent des mots ayant au minimum trois lettres.
2. Il peut choisir les lettres au hasard, mais il peut aussi, pour faire réviser le vocabulaire d'une leçon, les choisir d'avance. Il y place alors des lettres formant certains mots qu'il veut faire réviser aux élèves.

Niveau A

22 Croiser

> **But** Vocabulaire
> **Niveau** A, B
> **Durée** 20 minutes
> **Organisation** 2 équipes

Déroulement Le professeur dessine au tableau une grille de 9 cases sur 9 (ou 7 sur 7). Il indique les bords horizontaux avec des lettres de A à I (ou G) et les bords verticaux des cases de 1 à 9 (ou 7), afin de donner des points de repère (voir schéma ci-dessous). Il divise la classe en deux équipes A et B. L'équipe A commence et propose un mot en indiquant la case de départ et la direction (horizontale ou verticale). Le professeur ou un élève de l'équipe écrit le mot et compte un point par lettre, exemple: DEMAIN = 6 lettres = 6 points. L'équipe B propose à son tour un mot qui coupe obligatoirement le premier. Elle marque autant de points que son mot contient de lettres. Le professeur admet seulement les mots écrits de gauche à droite et de haut en bas. Il est interdit de faire chevaucher deux mots, par exemple:

LEUREGLE.

Lorsque le mot proposé coupe deux, trois ou quatre autres mots, on multiplie le nombre de points par deux, trois ou quatre. Les équipes fournissent des mots à tour de rôle jusqu'à ce que l'on ne puisse plus rien mettre dans la grille.

	A	B	C	D	E	F	G	H	I
1	D	E	M	A	I	N			
2		L							
3	R	E	G	L	E				
4		V							
5		E							
6									
7									
8									
9									

Niveau A

Remarques

1. L'utilisation d'un rétroprojecteur est conseillé, réduisant ainsi le temps de préparation de la grille.
2. L'usage d'un dictionnaire nuit beaucoup à ce jeu qui deviendrait trop lent.
3. Il est plus pratique de marquer les débuts et les fins de mots d'une couleur différente afin de rendre la grille plus facile à lire.
4. Il est permis de compléter un mot, par exemple: main – demain, faire – refaire. Par contre, il ne faut pas admettre qu'un groupe complète un mot en le mettant au pluriel, par exemple: cahier – cahiers. La tâche deviendrait trop facile.

Niveau A

23 Le mot le plus long

> **Buts** Vocabulaire, orthographe
> **Niveau** A, B
> **Durée** 5 minutes
> **Organisation** 2 équipes

Déroulement Le professeur écrit verticalement un long mot au tableau, par exemple *lampadaire*. Il divise la classe en deux équipes. Les élèves doivent trouver de longs mots à écrire horizontalement de façon à ce qu'ils croisent le mot vertical initial. Chaque lettre du mot vertical peut être au début, au milieu ou à la fin du mot horizontal, par exemple pour la lettre *e: élève, deux, lampe*. Tous les élèves cherchent en même temps pour une même lettre. Ils lèvent la main dès qu'ils ont trouvé un mot. Le professeur choisit un élève de chaque équipe qui nomme son mot. Puis il écrit les deux mots proposés au tableau afin de compter le nombre de lettres qu'ils contiennent et reporte le plus long dans le schéma. Les équipes marquent autant de points que leur mot a de lettres, éventuellement le même nombre de points si les deux mots ont le même nombre de lettres. On continue le jeu de la même façon avec les lettres suivantes. A la fin on totalise les points des deux équipes. Celle qui en a le plus a gagné. Exemple de schéma au tableau:

```
       E  L  EVE
      CH  A  PEAU
          M  ARIAGE
      AP  P  RENDRE
     DEM  A  NDER
          D  AME
       C  A  HIER
      AM  I
          R  ETOUR
       D  E  MAIN
```

Niveau A

Remarques

1. On peut utiliser un mot composé comme mot initial afin d'avoir plus de lettres, ex.: salle de séjour, ouvre-bouteille etc.
2. On accepte seulement les mots au singulier et les verbes à l'infinitif.

Variation: Les élèves choisissent eux-mêmes, en groupes de deux, un long mot qu'ils écrivent verticalement dans leur cahier. Ils cherchent d'autres longs mots qui le croisent. Au bout de cinq minutes, les groupes comptent le nombre total des lettres figurant dans leur schéma.
L'équipe qui totalise le plus grand nombre de lettres a gagné et écrit son schéma au tableau.

Niveau A

24 Che-val / che-veu

> **But** Vocabulaire
> **Niveau** A, B
> **Durée** 5 à 10 minutes
> **Organisation** Un élève et le reste de la classe

Déroulement Un élève (Pierre) se met devant la classe. Il pense à un mot à deux ou plusieurs syllabes. Il en propose la première syllabe à ses camarades (*pré-*). Un élève de la classe (Michel) nomme un mot commençant par cette syllabe (*préparer*). Pierre propose ensuite la première syllabe d'un autre mot (*ca-*). C'est à Michel de choisir un volontaire pour donner le mot suivant commençant par cette syllabe (*café*). Pierre donne ensuite la première syllabe d'un nouveau mot et ainsi de suite.

Remarques

1. Le professeur peut décider d'avance si le second élève doit prononcer le mot auquel le premier élève (Pierre) a pensé ou si chaque mot est accepté. Exemple:

   Pierre: che- (val)
   Michel: cheveu

2. Le succès du jeu est assuré sans concurrence ni compétition. Le fait que l'on ne distribue pas de points encourage aussi les élèves plus faibles à participer au jeu.
3. Chaque élève écrit cinq mots dans son cahier. Pour éviter que les élèves aient les mêmes mots, ils les prennent dans une page différente du manuel. Un premier élève donne la première syllabe d'un de ses mots et appelle un camarade. Celui-ci donne une réponse. Si elle est fausse, le premier élève continue avec la première syllabe de son second mot. Si elle est correcte, le deuxième élève continue. Si les élèves disposent d'un vocabulaire assez riche, ils peuvent suggérer des mots de mémoire. De cette façon, on ne perd pas de temps à les chercher.
4. Pour réviser une leçon, l'élève (Pierre) peut choisir dans son manuel le vocabulaire s'y rapportant.
5. Pour animer la classe, sans pour autant augmenter le bruit, le professeur peut donner un petit coussin, une peluche etc. à l'élève qui propose la première syllabe. Tous les élèves restent assis. Le premier élève lance l'objet à celui qui veut donner la réponse. Si elle est fausse, l'objet est renvoyé et le premier élève propose une nouvelle syllabe.

Niveau A

25 Relais

But Vocabulaire
Niveau A, B
Durée 10 minutes
Organisation 3 élèves à la fois

Déroulement Le professeur disperse trois élèves dans trois coins de la classe comme le schéma l'indique.

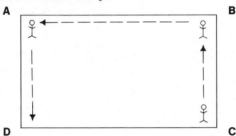

Il pose une question de vocabulaire à l'élève A. Si celui-ci donne la réponse correcte, il quitte son coin et occupe le coin libre (D). C'est ensuite au tour de l'élève B de répondre à une question de vocabulaire. S'il trouve la bonne réponse, il avance au coin A, sinon il reste à sa place. C'est enfin au tour du troisième élève d'être interrogé. S'il est capable de répondre à la question, il avance au coin B et élimine l'élève précédent si ce dernier est encore à sa place. L'élève éliminé choisit un nouvel élève qui occupe un coin libre.

Remarques

1. Pour intégrer le reste de la classe le professeur interroge les autres élèves quand l'un des joueurs ne sait pas répondre à une question.
2. Le jeu doit être joué rapidement. Le professeur choisit un chronométreur qui veille à ce que les élèves ne mettent pas plus de 10 secondes à donner une réponse.
3. Pour varier le jeu on peut poser toutes sortes de questions (ex: *demander des contraires, des synonymes, des mots de la même famille, des genres, des traductions de mots dans les deux sens*).

Niveau A

4. L'expérience a montré que les élèves réclament très souvent ce jeu. Pour maintenir leur enthousiasme il est préférable d'arrêter le jeu après la durée prévue.

Variation   Les élèves éliminés ne sont pas remplacés, mais le jeu continue jusqu'à ce qu'il ne reste qu'un élève. C'est alors le gagnant.

Niveau A

26 Mot mimé

But Vocabulaire
Niveau A, B
Durée 5 à 10 minutes
Organisation Toute la classe

Déroulement Le professeur demande à deux élèves (Pierre et Jean) d'être mimes. Ils viennent se placer devant la classe. Le professeur nomme une lettre, p. ex.: «*l*». Deux élèves de la classe qui ont une idée (p. ex.: *élève A: laver, élève B: lampe*) les soufflent d'abord au professeur, puis chacun souffle son mot à un mime. Ensuite, Pierre mime son mot. Pendant ce temps, l'élève A reste devant le tableau et interroge ses camarades qui ont des mots à proposer. Quand la bonne réponse est trouvée, l'élève B interroge la classe qui doit trouver le second mot, mimé par Jean. Si elle ne le trouve pas après une minute, la solution est donnée par l'élève B et le professeur propose une autre lettre.

Remarques

1. Comme les élèves qui proposent des mots ne sont pas obligés de les mimer eux-mêmes, ils participent plus volontiers au jeu. Pour la classe, il est plus intéressant de regarder deux mimes différents, car chacun essaiera de faire mieux que l'autre.
2. Au lieu de faire mimer un mot, on peut aussi faire représenter une phrase courte (p. ex.: *Il boit du lait. Il regarde un match de tennis. Il prend un bain*) ou même une suite d'actions (p. ex.: *il se reveille – il se lève – il fait sa toilette – il s'habille – il s'en va*).

Variations

1. Un volontaire va au tableau et souffle son mot au professeur. Il le mime devant la classe qui doit trouver le mot. Le mime est ensuite remplacé.
2. Le professeur divise la classe en deux équipes A et B qui désignent chacune un mime (Pierre pour l'équipe A, Jean pour l'équipe B). L'équipe B souffle son mot à Pierre qui le mime pour son équipe A. Celle-ci essaie de trouver la bonne réponse en moins d'une minute. Ensuite l'équipe A souffle son mot à Jean et l'équipe B doit deviner le mot représenté par leur mime.

Niveau A

27 Le Martien

> **But** Champ lexical: parties du corps
> **Niveau** A, B
> **Durée** 10 minutes
> **Organisation** Toute la classe

Déroulement Le professeur fait venir un élève au tableau et lui dit: *«Dessine les yeux.»* Ensuite il invite les autres élèves à demander à l'élève au tableau de dessiner une partie du corps, puis une autre et ainsi de suite. Quand le dessin est fini, le professeur demande à un autre élève de dessiner encore une fois un homme. C'est au moment où l'élève est devant le tableau que le professeur annonce un petit changement en tirant de sa serviette un foulard avec lequel il bande les yeux de l'élève. La classe demande à cet élève de dessiner les parties du corps. A la fin, quand le dessin est terminé, l'élève enlève son bandeau et regarde son œuvre qui ressemblera davantage à un Martien qu' à un homme.

Remarques

1. Les classes plus avancées peuvent préciser les instructions en ajoutant un adjectif à chaque nom: *«Dessine des cheveux longs.» «Dessine des jambes courtes.»*
2. Le jeu est très amusant, surtout quand les élèves indiquent des parties du corps qui se trouvent à des endroits opposés.
Si l'on veut faire l'exercice de l'article indéfini le professeur explique au début du jeu que la classe ne nomme qu'une seule partie du corps à la fois. Ex.: *«Dessine une oreille.» «Dessine un bras.»*

Variation On peut jouer à ce jeu en demandant aux élèves de dessiner autre chose, selon le vocabulaire qu'on veut leur faire réviser (p. ex.: *la maison, la voiture, la moto*).

Niveau A

28 Gargantua

Buts Champs lexicaux: la nourriture et la boisson; adverbes et compléments de quantité
Niveau A, B
Durée 10 minutes
Organisation 2 équipes

Déroulement Au début, le professeur explique que Gargantua est un homme qui mange et boit beaucoup et il donne un exemple:

> Hier Gargantua a mangé 15 kg de pommes et il a bu sept litres de thé.

Il divise la classe en deux équipes. La première dira ce qu'il a mangé et la seconde ce qu'il a bu. Exemples:

Hier Gargantua a mangé huit boîtes de haricots,
– beaucoup de légumes,
– douze kilos de poires.
Hier Gargantua a bu six litres d'eau,
– dix-sept tasses de café
– quatre bouteilles de limonade.

Chaque équipe à son tour fait une proposition. Le jeu est terminé lorsqu'une équipe n'a plus d'idées.

Variations

1. Le jeu se diversifie de la façon suivante: le premier groupe doit dire ce que Gargantua a mangé, puis le second groupe ce qu'il a bu, ensuite le premier groupe alterne sa réponse en disant ce qu'il a bu, et le second groupe en disant ce qu'il a mangé. Ainsi les chances sont mieux réparties. Exemples:

> *gr. 1:* Gargantua a mangé ...
> *gr. 2:* Gargantua a bu ...
> *gr. 1:* Gargantua a bu ...
> *gr. 2:* Gargantua a mangé ...
> *gr. 1:* Gargantua a mangé ...

Niveau A

2. Le jeu se déroule de la même façon, mais les élèves répèteront la phrase précédente avant d'ajouter la leur, ceci afin d'entraîner la mémoire. A cette occasion le professeur veillera à la prononciation excacte des mots et à l'emploi correct de l'article partitif.

> *Premier groupe:* Gargantua a mangé ...
> *Second groupe:* Il a mangé ... et il a bu ...
> *Premier groupe:* Il a bu ... et il a mangé ...

3. Afin d'entraîner la mémoire, on peut se limiter à decrire ce que Gargantua a mangé, mais en reprenant à chaque fois tous les maillons de la chaîne. Exemple:

> *Premier élève:* Gargantua a mangé 25 poires.
> *Second élève:* Il a mangé 25 poires et 13 kg de pommes de terre.
> etc.

L'élève qui se trompe ou oublie un maillon est éliminé.

Niveau A

29 Parler – français

Buts Substantifs et infinitifs
Niveau A, B
Durée 10 minutes
Organisation 2 équipes

Déroulement La classe est divisée en deux équipes A et B. L'équipe A propose un verbe à l'infinitif, par ex. *voir*. L'équipe B essaie de trouver un substantif qui va avec ce verbe, par ex. *lunettes*. Même si l'équipe B ne trouve pas de substantif, c'est à elle de proposer l'infinitif suivant, par ex. *se laver,* et à l'équipe A un substantif correspondant, par ex. *savon*. L'équipe qui trouve l'association en moins de dix secondes marque un point.

Remarques

1. Seules les associations dont le sens est évident sont admises. On admet *mettre – pantalon/ table/ lunettes* mais pas *mettre – lait* parce que les deux termes ne suffisent pas à la compréhension directe.
2. Les infinitifs et les substantifs correspondants sont écrits au tableau pour qu'ils ne soient pas répétés.

Variations

1. Les élèves proposent d'abord un nom et y associent un verbe. Le déroulement du jeu est le même.
2. Pour l'emploi des structures plus complexes, les élèves peuvent proposer des verbes conjugués et y associer un mot. De cette façon ils forment des petites phrases comme:

    J'ai vu – le professeur.
    Il mangera – des côtelettes.
    Nous lisons – des journaux.

Niveau A

30 Pierre partout

But Prépositions
Niveau A, B
Durée 10 minutes
Organisation 2 groupes

Déroulement Le professeur propose une phrase à la classe, p. ex.: «*Pierre a une serviette de bain. Où est-il?*» C'est à la première équipe d'indiquer l'endroit où Pierre se trouve: «*Il est dans la salle de bain.*» ou: «*Il est à la plage.*» Si la réponse est correcte, l'équipe marque un point. Si elle est fausse, la phrase est proposée à l'autre équipe qui peut marquer un point supplémentaire. Cette même équipe répond ensuite à la question suivante.

Remarques

1. Puisqu'il y a souvent plusieurs réponses différentes possibles, le professeur est obligé d'accepter chaque réponse correcte. Il peut tout de même demander d'autres solutions à l'autre équipe en lui proposant la même phrase.

2. En choisissant des phrases bien précises, le professeur peut réviser la différence entre *à* et *en* (*à vélo, en voiture – à Paris, en France*). Exemples de phrases:

> Pierre regarde les magasins. Où est-il? (dans la rue)
> Pierre lit le journal. Où est-il? (dans le salon)
> Pierre dort. Où est-il? (au lit)
> Pierre voit la Tour Eiffel. Où est-il? (à Paris)
> Pierre parle anglais. Où est-il? (en Angleterre)
> Pierre prépare le café. Où est-il? (dans la cuisine)

3. On peut aussi proposer la même phrase aux deux équipes. Chacune doit indiquer un lieu différent pour une même question.
Afin de mieux répartir les chances, les équipes donnent alternativement la première réponse. Exemple:

> *Première question:* Pierre boit un café. Où est-il?
> *Première réponse, équipe A:* Il est au café.
> *Seconde réponse, équipe B:* Il est dans la cuisine.
> *Seconde question:* Pierre écoute de la musique. Où est-il?
> *Première réponse, équipe B:* Il est à la discothèque.
> *Seconde réponse, équipe A:* Il est dans sa chambre.

Niveau A

31 Le grand huit

> **But** Adjectif possessif
> **Niveau** A, B
> **Durée** 10 minutes
> **Organisation** 2 équipes

Déroulement Le professeur fait le dessin suivant au tableau et donne des valeurs à chaque case (1 à 8). Il inscrit dans chacune un adjectif possessif, la valeur de la case étant en rapport avec la difficulté de l'emploi de l'adjectif possessif concerné.

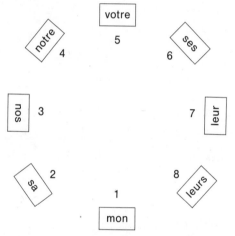

Il divise ensuite la classe en deux équipes A et B. Chaque équipe doit proposer 10 (ou 15) phrases en utilisant dans chacune un des huit adjectifs possessifs inscrits au tableau. Les phrases commençant par *c'est* ne sont pas acceptées.

Les équipes choisissent elles-mêmes le nombre de points qu'elles veulent essayer de marquer. Exemple: L'équipe A choisit la case à valeur 6. Elle essaie d'employer *ses* dans une phrase. Si celle-ci est correcte, l'équipe marque + 6 points, sinon elle marque – 6 points. Tous les mots de la phrase énoncée doivent être corrects pour que les élèves puissent marquer les points.

Les équipes proposent leurs phrases à tour de rôle. Lorsque chacune a proposé 10 (ou 15) phrases, on fait les comptes. L'équipe qui a le plus de points est gagnante.

Niveau A

Remarques

1. Le professeur peut poser des questions afin de vérifier le bon emploi de certains adjectifs possessifs.
Exemple: Un élève choisit la valeur 7 et propose la phrase: «Il regarde *leur* voiture.» Le professeur demande: «La voiture de qui?» L'élève répond: «La voiture de Pierre et Chantal.» Il marque + 7 points pour son équipe.
2. Une autre possibilité de jouer serait que chaque équipe forme huit phrases correspondantes aux huit valeurs différentes. De cette façon elle emploie chaque adjectif possessif une fois.
3. De même il est possible de jouer au *Grand huit* en choisissant pour but *la comparaison* ou d'autres sujets grammaticaux. Le nombre de cases sera changé selon le sujet grammatical choisi.

32 Gravissons l'échelon

But Pronoms
Niveau A, B
Durée 10 minutes
Organisation 2 équipes

Déroulement Le professeur dessine au tableau une échelle avec quinze échelons. Il note au pied de celle-ci à gauche la lettre A et à droite la lettre B, correspondant aux deux équipes.

Le professeur propose à l'équipe A une phrase dont les compléments doivent être remplacés par des pronoms (p. ex.: *Je vais à Paris.* '*J'y vais*).

Si un élève de cette équipe parvient à donner la bonne réponse, une croix est marquée à gauche du premier échelon. Ensuite le professeur donne une phrase à l'équipe B et ainsi de suite.

Si une équipe ne sait pas répondre ou donne une réponse incomplète, l'autre groupe pourra essayer de répondre à sa place et ainsi gagner une croix supplémentaire.

Niveau A

La première équipe arrivant en haut de l'échelle a gagné. Le professeur explique que la difficulté des questions s'accroît avec les échelons.

Remarques

1. Selon le niveau de la classe, le professeur peut demander les réponses suivantes:

> Je vais <u>à</u> <u>Paris</u>. → J'<u>y</u> vais.
> Je ne vais pas <u>à l'école</u>. → Je n'<u>y</u> vais pas.
> Nous avons pris <u>du gâteau</u>. → Nous <u>en</u> avons pris.
> Je ne vais pas chercher <u>Pierre</u>. → Je ne vais pas <u>le</u> chercher.
> Je ne vais pas chercher <u>Mélanie</u> <u>à l'école</u>. → Je ne vais pas <u>l'y</u> chercher.
> Raconte <u>l'histoire</u> <u>à ses parents</u>. → Raconte-<u>la</u>-<u>leur</u>.
> Ne vas pas <u>en ville</u> avec <u>Catherine</u>. → N'<u>y</u> vas pas avec <u>elle</u>.

2. Pour mieux répartir l'activité dans tout le groupe, le professeur peut varier la difficulté des phrases proposées.

Variations Le même jeu peut être utilisé pour traiter d'autres sujets très divers: vocabulaire, formes grammaticales, temps, négation, chiffres, heures, genre, pluriel, adverbes, adjectifs, vrai ou faux etc.

Niveau A

33 La bonne voix

But Conversation: questions et réponses
Niveau A, B
Durée 10 minutes
Organisation Un élève et le reste de la classe

Déroulement Un élève A s'asseoit devant le tableau, le dos tourné vers la classe. Un autre élève B, à la voix déguisée, lui dit *«Bonjour»*, de l'autre bout de la classe et lui demande comment il va. L'élève A pose quelques questions auxquelles l'autre élève doit répondre. A la fin, ils se disent *«Au revoir»* et l'élève A ajoute le nom de celui qu'il croit avoir reconnu. S'il a deviné juste, il est remplacé par l'élève B, et ainsi de suite.

Remarques

1. Toute la classe peut proposer des questions simples que l'on écrit au tableau, ceci donnant aux élèves quelques idées supplémentaires. Exemple:

Qu'est-ce que tu portes?
Qu'est-ce que tu aimes (faire)?
Où est-ce que tu habites?

2. Pour réviser par exemple le passé composé ou le futur, le professeur propose quelques questions adéquates à ces temps de conjugaison. Exemple:

Qu'as-tu fait hier?
Où iras-tu en vacances?

3. Il serait bon de déplacer l'élève à la voix déguisée pour éviter de le localiser en fonction de sa place habituelle dans la classe.

Niveau A

34 Ni oui, ni non

Buts Formes interrogatives, négatives et affirmatives
Niveau A, B
Durée 5 minutes
Organisation Un élève contre le reste de la classe

Déroulement Le professeur choisit un élève et la classe lui pose des questions diverses. L'élève essaie de répondre sans prononcer les mots *oui* et *non*, mais en répétant les phrases et en utilisant une forme affirmative ou négative. Exemples:

Tu as 16 ans? – Je n'ai pas 16 ans.
Est-ce que tu vas au cinéma avec Jacques ce soir? – Je ne vais pas au cinéma avec lui.

Lorsque l'élève a prononcé le mot *oui* ou *non*, il est remplacé par un autre élève. Il a gagné s'il sait donner de bonnes réponses pendant deux minutes.

Remarques

1. Le professeur peut faire une liste de mots que les élèves peuvent aussi employer et il l'écrit au tableau. Exemples:

certainement – bien sûr – peut-être – évidemment – je crois – je pense – sans doute – sûrement – je ne pense pas – je ne sais pas – jamais – je ne crois pas – sûrement pas – si possible ... etc.

2. Les élèves qui interrogent un camarade peuvent préparer quelques questions à l'avance, afin que le jeu se déroule rapidement.
3. Le temps de réflexion de l'élève interrogé peut être limité à trois ou cinq secondes.
4. Le professeur divise la classe en petits groupes. Le jeu se déroule de la même façon que décrite ci-dessus.

Niveau A

35 Monsieur Teste

But Vocabulaire
Niveau A, B, C
Durée 5 à 10 minutes
Organisation Groupes de 2

Déroulement Le professeur divise la classe en groupes de deux élèves. Un élève ouvre le manuel scolaire au registre du vocabulaire ou il ouvre son carnet. Ensuite il interroge son voisin sur le vocabulaire. Si la réponse est correcte, il peut lui demander de l'écrire. Tant que l'élève ne connaît pas le mot concerné ou ne sait pas l'écrire correctement, l'élève peut continuer avec un autre mot. Si le voisin donne la réponse correcte il assume le rôle de l'élève professeur. Il en est de même si l'élève professeur oublie de donner la solution ou de corriger l'orthographe. Le professeur arrête le jeu après quelques minutes.

Remarques

1. Le jeu s'apprête à terminer ou à commencer un cours. Au début du cours, le jeu peut servir à réviser certains champs lexicaux dont on a besoin par la suite.
2. A un niveau plus avancé, l'exercice de l'orthographe devient moins important. Il n'est alors pas nécessaire de l'exercer de façon qu'on gagne du temps pour la révision.

Niveau A

36 Mot de passe

> **But** Vocabulaire
> **Niveau** A, B, C
> **Durée** 10 minutes
> **Organisation** Un élève et le reste de la classe

Déroulement Un volontaire quitte la classe. Le professeur propose un mot aux élèves, par exemple: BLEU. Le professeur explique aux élèves qu'ils doivent proposer des mots servant d'indices pour retrouver le mot initial (exemples: *yeux, ciel, couleur, mer*). Le volontaire rentre. Il choisit des élèves pour répondre parmi ceux qui lèvent la main. Il a trois minutes pour deviner le mot en question.

Remarques

1. Afin d'éviter que le volontaire ne donne n'importe quelle solution, il doit attendre au moins une minute avant de donner une première réponse.
2. Les allusions directes ne sont pas permises, par exemple: *la couleur du pull de Brigitte*.

Variation Le professeur divise la classe en trois équipes. Il fait venir un volontaire de chacune au tableau. Sans que ces trois élèves puissent le voir, il écrit en lettres capitales le mot à chercher au tableau et l'efface. Les équipes, à tour de rôle, donnent aux volontaires des mots servant d'indices pour deviner le mot initial. Le volontaire qui trouve la bonne réponse fait gagner son équipe.

Chaque volontaire profite des indices donnés par les trois équipes. C'est pourquoi c'est un désavantage de commencer le jeu. Pour cette raison, à chaque nouveau mot, on change l'ordre des équipes. Les volontaires n'ont le droit de proposer qu'une réponse à la fois après chaque indice donné par leurs équipes respectives.

Niveau A

37 Monts et vallées

Buts Vocabulaire, orthographe
Niveau A, B, C
Durée 15 à 20 minutes
Organisation Groupes de 2

Déroulement Le professeur distribue du papier quadrillé aux élèves s'ils n'en possèdent pas eux-mêmes. Il leur demande d'y tracer une grille de 20 cases sur 20 et d'écrire verticalement au bord gauche de la grille un même mot, par exemple: BOULANGER en écrivant une lettre par case. Lui-même inscrit ce mot au tableau afin que les élèves aient un modèle. Puis il écrit horizontalement le mot ETE en commençant par le E du mot BOULANGER. Les élèves font la même chose sur le papier. Le professeur explique qu'ils doivent toucher le plus souvent possible les bords inférieur et supérieur de la grille avec la lettre d'un mot. Pour ce faire, il faut se servir de mots longs qu'ils écrivent verticalement et de mots courts qu'ils inscrivent horizontalement. Exemple: voir page suivante.
Le jeu est terminé après dix minutes. Chaque groupe compte les lettres qui touchent les bords inférieur et supérieur de la grille. Celui qui en marque le plus doit prouver l'exactitude de son orthographe et de son compte en inscrivant sa grille au tableau. On lui retire un demi-point par faute d'orthographe. S'il a encore le nombre de points le plus élevé il reste gagnant, sinon il est détrôné par un groupe concurrent qui lui aussi devra prouver l'exactitude de sa grille de la même façon. Le gagnant définitif est celui qui reste gagnant après la mise à preuves.

Remarques
1. Le professeur doit veiller à ce que chaque mot soit écrit normalement, c'est à dire de haut en bas ou de gauche à droite, une lettre par case.
2. Même avec des débutants, le professeur devrait interdire la répétition des mêmes mots dans le même groupe. Mais il peut admettre les substantifs au pluriel et les verbes conjugués.
3. Pour gagner du temps, le professeur peut au préalable demander aux groupes combien de points ils totalisent. Puis il vérifie les grilles de ceux qui ont le maximum de points et retire des points pour les fautes d'orthographe. Le gagnant pourra ensuite inscrire sa grille au tableau.

Niveau A

B						R					P	L	A	G	E	
O						A					L			L		
U						C					A			E		
L						O				E	N			V		
A						N				L				E		
N						T				E						
G		L				E				C						
E	T	E			A	V	R	I	L	T						
R		T			O		N			R						
		T		P	L	A	I	N	T	E						
		R		E	U	T		E			P					
		E			T	U		R			H					
		S	E		O	R		R			O					
			P		C	E		O			N					
			I		M	A		G		G	A	R	E			
			C		A	R	T	A		A						
			E		R			T		R						
			R		C			I		Ç						
			I		H			O		O						
		P	E	R	E			N	O	N						

Niveau A

38 Ping-pong

But Vocabulaire
Niveau A, B, C
Durée 10 minutes
Organisation 2 équipes

Déroulement Le professeur divise la classe en deux et annonce une partie de ping-pong. La balle doit passer d'un côté à l'autre du filet. L'équipe qui arrive à renvoyer la balle immédiatement gagne un point. La balle est un mot et on renvoie un autre mot qui est lié au précédent, ou qui en est le contraire, ou qui rime avec lui. P. ex: *table*; on renvoie un mot lié comme *chaise, bureau*... ou un mot qui rime, par exemple *confortable, capable*...

Remarques

1. Ce jeu doit être joué très rapidement.
2. Le professeur sert d'arbitre et distribue les points.
3. On n'admet pas les répétitions.

Niveau A

39 Eléphant – thé

But Vocabulaire
Niveau A, B, C
Durée 5 minutes
Organisation Toute la classe

Déroulement Un élève propose un mot. Un autre doit en trouver un qui commence par la dernière lettre du mot proposé. Exemple:

élève A: éléphant
élève B: thé
élève C: envoyer
élève D: radio

On accepte tout mot mais les noms seulement au singulier et les verbes à l'infinitif. Toute la classe essaie de former la chaîne de mots la plus longue possible.

Remarques
1. Le jeu s'apprête parfaitement bien pour les débuts et les fins de cours mais aussi après des phases difficiles.
2. Il faut avertir les élèves que beaucoup de verbes se terminent en *r*. Ainsi il peut devenir difficile de continuer la chaîne.

Variations

1. Le jeu peut aussi être joué en équipes. Il est terminé lorsqu' une équipe ne trouve plus de mots et que l'autre peut continuer la chaîne. Dans ce cas le premier groupe a perdu.
2. La classe essaie d'écrire une longue chaîne de mots au tableau.

Niveau A

40 Pas de pas sans pied

Buts Champ lexical choisi; la structure «il n'y a pas de... sans...»
Niveau A, B, C
Durée 5 à 10 minutes
Organisation 2 équipes

Déroulement Pendant une première phase de deux minutes qui sert d'introduction, le professeur écrit au tableau une phrase exemplaire: *Il n'y pas de ville...* Peu après, il ajoute lui-même: *... sans maisons.* Ensuite en reprenant toute la structure par oral, il ajoute *... sans rues,* et il l'écrit au tableau. Toute la classe essaie de compléter la liste du tableau en suivant l'exemple du professeur. Puis dans la deuxième phase, la classe est divisée en deux équipes. Chacune d'elles se nomme un représentant. Le professeur explique aux deux équipes qu'elles doivent mimer ou faire deviner des mots à leurs représentants en moins de quinze secondes pour pouvoir compléter la phrase: *Il n'y a pas de magasin sans ...*
Chaque équipe propose à son tour un mot. La première n'ayant plus de mot à ajouter est perdante.

Remarques

1. Le professeur veillera à ce que les élèves répètent toute la structure afin de bien la mémoriser.
2. Comme phase introductive d'un cours, le jeu permet de stimuler l'activité de tous les élèves si le professeur choisit un champ lexical bien connu (ex.: *maison, ville, école, supermarché, vêtements, corps*).
3. Il est possible de jouer à ce jeu à deux. Les partenaires choisissent un champ lexical et le jeu se déroule de la même façon. Il est préférable que chaque élève note ses mots afin d'éviter que ceux-ci soient répétés.

Variations

1. Pour employer des infinitifs et des compléments, le professeur propose aux élèves la structure suivante en l'écrivant au tableau:

On ne peut pas (faire les courses) ...
... sans entrer dans un magasin.

Niveau A

    D'autres structures possibles:

        Il n'est pas possible de ...
        Il ne faut pas ...

2. Au niveau B ou C, on peut aussi faire réviser l'infinitif passé:

    On ne peut pas être de bonne humeur / en pleine forme ... sans avoir écouté la radio / sans avoir fait du sport ...

Niveau A

41 Loto des adjectifs possessifs

> **But** Adjectifs possesifs
> **Niveau** A, B, C
> **Durée** 15 minutes
> **Organisation** Se joue seul

Déroulement Le professeur fait dessiner aux élèves des grilles de 3 cases sur 3. Chacune des neuf cases est divisée en deux par une diagonale. Exemple:

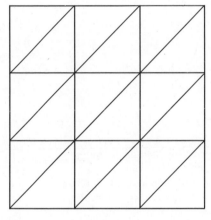

Le professeur demande aux élèves d'inscrire dans la partie gauche de chaque case un adjectif possessif qu'ils auront choisi au hasard parmi les quinze adjectifs possibles. Ensuite, il lit à haute voix des phrases auxquelles il manque un adjectif possessif en remplaçant celui-ci par un sifflement. Exemple: N^o *1: Tu apportes les disques d'Isabelle? – Oui, j'apporte ... disques.* Les élèves ayant inscrit l'adjectif possessif *ses* dans la partie gauche d'une de leurs cases ajoutent dans la partie droite le numéro 1 correspondant à la première question. Le premier élève qui a placé, c'est-à-dire numéroté, tous les adjectifs possessifs figurant dans sa grille s'écrie «*Loto!*» C'est lui le gagnant si ses adjectifs sont correctement placés.

Niveau A

Remarques

1. Il est recommandable de dresser une liste des adjectifs possessifs par ordre grammatical au tableau avant de commencer le jeu.
2. Etant donné qu'il y a 15 adjectifs possessifs, il faut prévoir 15 phrases dont le vocabulaire est adapté à celui du manuel scolaire.
3. Exemple de grille et de 15 phrases:

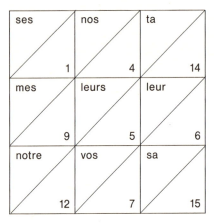

1. Tu apportes les disques d'Isabelle?
 - Oui, j'apporte ... disques.
2. Est-ce que Marc connaît ta famille?
 - Non, il ne connaît pas ... famille.
3. Tu sais où est mon parapluie?
 - Non, je ne sais pas où est ... parapluie.
4. Vous téléphonez à vos parents?
 - Oui, nous téléphonons à ... parents.
5. Ce sont les magasins des Dupont?
 - Non, ce ne sont pas ... magasins.
6. Est-ce que c'est la Renault de tes parents?
 - Non, ce n'est pas ... Renault.
7. Est-ce que vous apportez nos boissons?
 - Non, je n'apporte pas ... boissons.
8. Est-ce que tu cherches le cahier de Pierre?
 - Oui, je cherche ... cahier.
9. Est-ce que tu montres tes timbres?
 - Oui, je montre ... timbres.
10. Est-ce qu'on va avec notre voiture?
 - Non, on ne va pas avec ... voiture.

11. Tu parles avec mes frères?
- Oui, je parle avec ... frères.
12. Est-ce qu'on joue avec votre ballon?
- Oui, on joue avec ... ballon.
13. Tu écris à ton ami?
- Non, je n'écris pas à ... ami.
14. Est-ce que tu lis ma lettre?
- Non, je ne lis pas ... lettre.
15. Tu appelles la mère de Caroline?
- Non, je n'appelle pas ... mère.

4. Le même jeu peut être utilisé pour revoir les prépositions. Toutefois, le professeur choisit des phrases où l'emploi des prépositions est incontestable. Exemples:

Je vais ... France. (en)
Ils viennent ... trois heures. (à)
On va ... le boulanger. (chez)
Il oublie toujours ... faire ses devoirs. (de)

Niveau A

42 Passons le gué

Buts Grammaire; vocabulaire choisi; civilisation française
Niveau A, B, C
Durée 15 à 20 minutes
Organisation Toute la classe

Déroulement Le professeur dessine au tableau trois rangées de cinq cercles en ligne droite. Il numérote les cercles de la façon suivante:

Chaque numéro correspond à une des questions que le professeur a préparées d'avance. Puis il divise la classe en deux groupes. Le premier groupe commence en choisissant un numéro écrit dans l'un des cercles. Le professeur pose la question correspondant à ce numéro. Si le groupe sait y répondre, il fait une croix rouge dans le cercle. Le deuxième groupe choisit un numéro, le professeur pose la question et il fait une croix bleue dans le cercle choisi par le groupe si la réponse est correcte. Chaque équipe doit essayer de faire une suite horizontale, verticale ou diagonale de trois cercles pour passer le gué. Une même case peut servir de point de départ à plusieurs gués. Exemple:

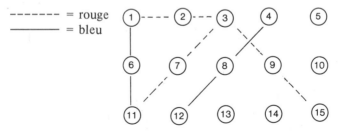

Le groupe ayant passé le plus grand nombre de gués a gagné.

Niveau A

Remarques

1. On peut varier le nombre des cercles en largeur selon le nombre des questions que l'on veut poser.
2. Pour rendre le jeu plus difficile, le professeur explique aux élèves que pour occuper les cases stratégiques (ici 7, 8, 9), il faut répondre à une question plus difficile ou à plusieurs questions.
3. Puisque les cases 7, 8, 9 ont des positions stratégiques, on permet aux deux équipes de s'y placer. Le professeur prépare alors deux questions pour ces cercles.
4. Pour que le dessin soit plus clair, on peut remplacer les croix dans les cercles par des encerclements en bleu ou en rouge.
5. Si le groupe A ne sait pas répondre à une question, celle-ci est proposée à l'autre groupe qui pourra ainsi occuper deux cercles qui se suivent.
Le professeur prépare des questions de rattrapage au cas où aucune des deux équipes n'a su répondre à la question posée pour une case.

Niveau A

43 Combinaisons astucieuses

Buts Vocabulaire, orthographe
Niveau A, B, C, D
Durée 15 minutes
Organisation Groupes de 3 ou 4

Déroulement Le professeur écrit au tableau une liste de dix combinaisons de deux ou de trois lettres. Il propose par exemple:

AT MM IC OU Œ CIP VAL AIN UTE QUI

Les groupes essaient de trouver en dix minutes, pour chaque combinaison, un long mot qui contient ces lettres en début, en milieu ou en fin de mot. Ils en font une liste. Chaque groupe, à tour de rôle, propose son mot trouvé avec la première combinaison. Il marque autant de points que son mot a de lettres. A la fin, on additionne les points de chaque équipe. Celle qui a le total le plus élevé est gagnante.

Remarques

1. La distribution des points par nombre de lettres encourage les élèves à trouver de longs mots.
2. Exemples de mots contenant les combinaisons proposées:

   nATation, coMMentaire, délICatesse, yaOUrt, sŒur, préCIPiter, VALlée, mAIN, minUTE, QUInzième

Variation A un niveau supérieur, le professeur réduit le nombre des combinaisons. Puis il demande aux élèves de trouver en dix minutes un maximum de mots avec chaque combinaison. Les groupes lisent ensuite leurs listes de mots. Ceux qui ont aussi été trouvés par d'autres groupes sont rayés des listes. Chaque groupe fait le compte des mots restants. Celui qui en a le plus est gagnant.

Niveau A

44 Les savants

Buts   Grammaire; vocabulaire choisi; civilisation française
Niveau   A, B, C, D
Durée   15 à 20 minutes
Organisation   Toute la classe divisée selon le schéma suivant:

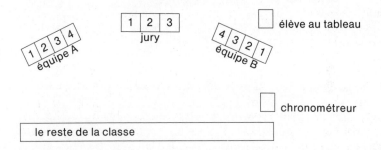

le reste de la classe

Déroulement   Le professeur choisit deux équipes de trois ou quatre volontaires. Puis il nomme un jury de trois élèves, un chronométreur et un élève qui marque les points gagnés au tableau. Ensuite, il pose des questions de toutes sortes aux élèves. Pour chaque réponse correcte, on donne un point. Le chronométreur accorde 30 secondes de réflexion. Le jeu peut se dérouler de la façon suivante:
Le professeur pose la première question au premier élève du groupe A. S'il connaît le réponse, son équipe marque un point, sinon, le premier élève du groupe B a le droit de répondre à la même question. Si la réponse est correcte, il peut marquer un point supplémentaire, sinon, c'est au reste de la classe de trouver la réponse et de marquer 2 points pour la bonne réponse.
Au deuxième tour, c'est d'abord au premier élève du groupe B de répondre. Si la réponse n'est pas correcte, le deuxième élève de l'équipe A peut répondre, et ainsi de suite. Les autres membres des équipes n'ont pas le droit d'aider leur camarade. Le jury veille à ce que les élèves ne soufflent pas. C'est aussi à lui de juger si la réponse peut être acceptée.

Remarques

1. On peut regrouper les questions en plusieurs catégories: catégorie de grammaire, de vocabulaire et de civilisation française. On met un dé à la

Niveau A

disposition d'un élève qui le lance. On fixe d'avance à quoi correspondent les faces du dé. Ex.: 1, 2 = grammaire; 3, 4 = vocabulaire; 5, 6 = civilisation française.

2. Exemples de questions:

a) grammaire

1. Pierre a 13 ans. Ses frères ... 15 et 18 ans. (ont)
2. pouvoir – j'ai pu, savoir – ... (j'ai su)
3. Aujourd'hui, je vais à l'école, mais dimanche dernier, ... (je ne suis pas allé à l'école)
4. Tous les jours je fais mes devoirs mais quand j'aurai 25 ans ... (je ne ferai plus mes devoirs)

b) vocabulaire

1. Comment est-ce que tu peux aller en Amérique? (En avion, en bateau).
2. Qu'est-ce que tu laves le matin? (3) – La figure, les mains, les cheveux.
3. Qu'est-ce que tu peux lire? (3) – Un bouquin, le journal, une lettre.
4. Quel temps fait-il maintenant? – Il pleut, il fait beau, le ciel est gris, le soleil brille etc.

c) civilisation française

1. Où est-ce qu'on peut acheter des timbres en France? – Dans un bureau de tabac, dans un bureau de poste.
2. Donne-moi le nom de trois villes de France.
3. Donne-moi le nom de trois régions de France.
4. De combien de chiffres se compose le code postal français?

Niveau B

45 Le pantin

But Négation
Niveau B
Durée 15 à 20 minutes
Organisation 2 équipes

Déroulement Le professeur divise le tableau en deux parties. Sur chaque partie il dessine un même pantin. Les parties de son corps sont légèrement séparées les unes des autres.
Le professeur explique ensuite les règles du jeu en donnant des exemples. Il dit: «*Il n'écoute pas la radio.*» et il efface une oreille. «*Il ne joue pas au football.*» et il efface un pied. «*Il n'arrive pas à l'heure.*» et il efface l'autre pied ou une jambe. Lorsque les élèves ont compris le déroulement du jeu, le professeur reconstitue le pantin qui a servi d'exemple. Il divise la classe en deux équipes et chacune d'elle envoie un élève au tableau.
Les équipes, chacune à tour de rôle, proposent une phrase à la forme négative. Si celle-ci est correcte, l'élève appartenant à cette équipe efface la partie du corps correspondante.
La première équipe qui a fait disparaître son pantin est gagnante.

Remarques

1. Le professeur n'accepte pas deux phrases identiques mais les élèves peuvent utiliser plusieurs fois le même verbe.
2. Si une équipe n'a pas d'idées, c'est de nouveau au tour de l'autre groupe de proposer une phrase.
3. Pour une classe de débutants, on peut dessiner le bras et la main en une seule partie ou bien supprimer les cheveux.
4. Exemple de pantin et de phrases: voir page suivante.

Niveau B

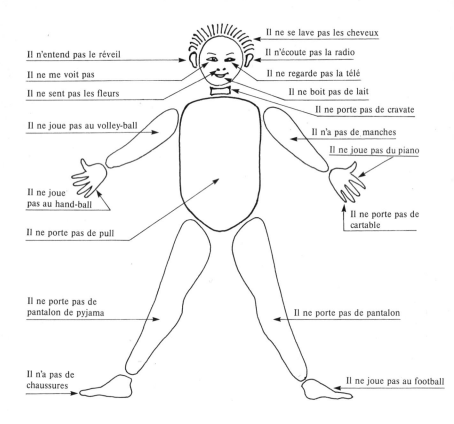

Niveau B

46 L'alphabet des verbes

But Infinitif
Niveau B
Durée 5 minutes
Organisation Toute la classe

Déroulement Les élèves doivent trouver des verbes en suivant l'ordre des lettres de l'alphabet. On supprime d'avance les lettres *k, u, w, x, y, z*. Le premier verbe doit donc commencer par un *a*, le second par un *b*, le troisième par un *c* etc. Dès qu'un élève trouve un verbe qui commence par la lettre en question, il le nomme. Les élèves jouent contre la montre et doivent avoir terminé la liste en moins de 4 minutes.

Remarques

1. Le professeur peut écrire au tableau les infinitifs cités par les élèves.
2. On peut demander aux élèves de proposer des verbes conjugués. Le professeur fixe d'avance le temps à employer et les élèves changent de personne à chaque verbe. Exemple:

   j'<u>a</u>chète, tu <u>b</u>ois, il <u>c</u>ache, elle <u>d</u>onne, nous <u>e</u>nvoyons, vous <u>f</u>aites, ils <u>g</u>agnent, elles <u>h</u>abitent, j'<u>i</u>magine ...

3. On admet les verbes pronominaux, p. ex.: s'<u>a</u>muser, se <u>b</u>aigner etc.

Variation Les élèves doivent répéter tous les infinitifs déjà cités avant de nommer le leur. L'élève qui réussit à faire la plus longue chaîne d'infinitifs a gagné.

Niveau B

47 Le participe encerclé

> **But** Participe passé
> **Niveau** B
> **Durée** 15 minutes
> **Organisation** 2 groupes

Déroulement Les élèves citent des participes passés autres que ceux des verbes en -*er*. Puis le professeur les écrit au tableau en les répartissant sur toute la surface.
Le professeur divise la classe en deux groupes et envoie un élève de chaque groupe au tableau, dont l'un dispose d'une craie bleue et l'autre d'une craie rouge.
Le professeur donne une forme conjuguée du présent (ex.: *je sors*) ou l'infinitif suivi du début du passé composé du verbe (ex.: *sortir – je suis* …?). Le premier élève qui reconnaît le participe correspondant au tableau l' encercle de sa craie.
A la fin du jeu on fait le compte des cercles bleues et des cercles rouges. Le groupe dont la couleur prédomine a gagné.

Remarques

1. Le professeur doit écrire lui-même les formes au tableau au début du jeu pour éviter les pertes de temps qui seraient dues aux corrections nécessaires. Au point de vue visuel, c'est aussi plus avantageux car le professeur peut mieux répartir les verbes sur toute la surface du tableau.
2. Le professeur devrait de préférence se tenir au fond de la classe pour donner les formes du présent.
3. Au bout de quelque temps le professeur peut remplacer les deux élèves par deux autres.
4. Si l'on veut augmenter la participation des élèves, on peut leur permettre d'aider leur partenaire au tableau en indiquant où s'y trouve la forme verbale (ex: *à gauche, à droite, au milieu etc.*).
5. On pourrait envoyer six élèves de chaque groupe au tableau, qui se relayeraient automatiquement dès que l'un aurait encerclé la bonne forme.
6. Si l'élève se trompe en encerclant une forme, on lui retire deux des cercles de sa couleur et libère de nouveau les formes verbales en question pour la suite du jeu mais cela prolonge le jeu. On peut faire de même si l'un des groupes est trop bruyant.

Niveau B

Variations

1. A un niveau très avancé, on peut donner des formes verbales à n'importe quel temps et demander aux élèves d' encercler le passé composé du tableau qui leur correspond.
2. On peut adapter ce jeu à d'autres buts : l'heure, les chiffres, les adjectifs contraires, les genres contraires (ex. *mari – femme*) et les associations de mots (ex. *table – chaise*).

Niveau B

48 Plus ou moins

Buts Comparatif; accord des adjectifs
Niveau B
Durée 10 minutes
Organisation Toute la classe

Déroulement Le professeur demande aux élèves de nommer tous les adjectifs qu'ils connaissent sauf les adjectifs de couleur. Un élève ou le professeur les écrit au tableau. Ensuite, le professeur explique qu'il faut arriver ensemble à placer tous les adjectifs dans une chaîne en employant les comparatifs *plus... que, moins... que* et *aussi... que*. Les adjectifs employés sont soulignés mais peuvent être utilisés plusieurs fois. Le dernier mot de la première comparaison devient le premier mot de la comparaison suivante. Exemples:

    L'armoire est plus haute que *la chaise.*
    La chaise est moins grande que *la table.*
    La table est plus lourde que la tasse.

Lorsque tous les adjectifs sont soulignés au moins une fois, le jeu est terminé.

Remarque Après avoir joué cinq minutes à ce jeu, le professeur peut diviser la classe en groupes de deux. Chaque groupe fait alors sa propre chaîne. De cette façon l'emploi des structures est intensifié et chaque élève y participe activement.

Variation De la même façon, les élèves jouent à *«Plus ou moins»*, mais au lieu de choisir un second élément de comparaison au hasard, celui-ci sera donné par l'élève précédent.Exemple:

    Elève 1: Un bus est plus long qu'une voiture. – Crayon.
    Elève 2: Une voiture est plus chère qu'un crayon. – Cuillère.
    Elève 3: Un crayon est aussi lourd qu'une cuillère. – Livre.
Etc.

Niveau B

49 Isabelle en Italie

> **Buts** Prépositions; champs lexicaux: noms de pays, prénoms français
> **Niveau** B
> **Durée** 5 à 10 minutes
> **Organisation** Toute la classe

Déroulement Le professeur demande aux élèves d'écrire dix plaques de nationalité des pays qu'ils connaissent au tableau, par exemple: I, DK, CH, F, D, GB, A, NL, SF, E. Ensuite, les élèves doivent trouver en moins de trois minutes pour chaque plaque de nationalité le nom du pays et un prénom français commençant par la même lettre. Ils construisent des phrases selon le modèle suivant:

I: Isabelle habite en Italie
DK: Danièle habite au Danemark
CH: Stéphanie habite en Suisse
F: François habite en France
D: Alain habite en Allemagne Fédérale
NL: Pascal habite aux Pays Bas

Remarque Pour l'emploi de la préposition *de*, on change les phrases de la façon suivante:

Isabelle vient d'Italie.
Marc vient du Maroc.
Eric vient des Etats-Unis

Il faudra faire attention à ce que les élèves n'utilisent la préposition *de* que pour les pays du genre féminin et l'article *du* que pour les pays du genre masculin.

Variation Pour approfondir les connaissances générales des élèves, le professeur leur demande d'écrire les noms des capitales qu'ils connaissent au tableau. Ceux qui ne sont pas écrits en français seront ensuite traduits par le professeur (ex. *London – Londres*). Les élèves essaient de trouver les noms des pays correspondant aux capitales et le jeu se déroule de la façon décrite ci-dessus.

Niveau B

50 L'as des as

But Vocabulaire
Niveau B
Durée 10 minutes
Organisation 1 à 3 élèves contre le reste de la classe

Déroulement Un, deux ou trois bons élèves forment une équipe A et le reste de la classe, l'équipe B.
L'équipe A propose une association de mots. Exemples:

    élève – cahier
    avenue – boulevard
    légumes – fleurs

C'est à l'équipe B d'expliquer le rapport entre ces mots en moins de 15 secondes. Elle peut les définir, les expliquer ou les employer dans des phrases courtes et sensées. Exemples:

    élève – cahier: L'élève écrit dans son cahier.
    avenue – boulevard: Ce sont des rues.
    légumes – fleurs: On les trouve dans le jardin.

Si l'équipe B sait répondre, elle propose à son tour une association de mots, sinon c'est l'équipe A qui continue. Si les élèves savent donner l'explication dans les temps prévus, ils marquent un point. La première équipe qui a 15 points est gagnante.

Remarque Il est plus juste si les deux mots associés ne sont pas choisis par le même élève.

Niveau B

51 Histoire mutilée

But Expression libre: reproduction d'un texte
Niveau B
Durée 15 minutes
Organisation Toute la classe

Déroulement Le professeur fait sortir quatre élèves. Puis il lit devant la classe une petite histoire avec beaucoup de détails. Exemple:

>Jacques et Jean cherchent un cadeau pour leur grand-mère. Dimanche prochain, c'est son anniversaire. Les deux cousins vont en ville. Ils entrent dans une jolie petite bijouterie blanche en face de la mairie. La vendeuse leur montre un grand réveil rouge, une petite boîte en porcelaine et un collier de perles. Le réveil est trop grand, la petite boîte plaît à Jacques mais Jean la trouve trop chère. Le collier est trop cher aussi. Ils quittent la bijouterie et vont dans un supermarché. Là, ils lui achètent les gâteaux au chocolat qu'elle préfère, une boîte de bonbons d'Angleterre et une petite bouteille d'eau de Cologne. Leur grand-mère va être contente.

Le professeur demande à un élève de la classe d'aller chercher un des camarades qui sont derrière la porte et de lui raconter l'histoire. Quand il a terminé, la classe peut l'aider à se souvenir de certains détails oubliés en lui posant des questions, par exemple: *Quand est-ce que leur grand-mère fête son anniversaire? Comment est la bijouterie?*
C'est ensuite à ce second élève de reconstituer l'histoire et de la raconter à un autre de ceux qui sont derrière la porte et ainsi de suite. A chaque fois, les élèves de la classe interviennent pour une minute et posent des questions pour aider le narrateur à retrouver des détails.
Quand le dernier élève aura raconté sa version (souvent mutilée) de l'histoire, celle-ci sera comparée au texte original.

Niveau B

52 La lettre-clé

But Vocabulaire
Niveau B, C
Durée 15 minutes
Organisation Groupes de 2

Déroulement Chaque groupe cherche un mot de 10 à 13 lettres, par exemple *salle de séjour*. Puis le professeur lit les questions d'un questionnaire préparé à l'avance et dont les réponses font le portrait d'un personnage imaginaire. Les groupes décident eux-mêmes avec quelle lettre de leur mot choisi ils commencent leur réponse. Le but du jeu est d'utiliser le maximum de lettres du mot choisi.
Exemple de questionnaire et de réponses:

1. Comment s'appelle-t-il? – Simon.
2. Quand fête-t-il son anniversaire? – En août.
3. Où habite-t-il? – A Lille.
4. Qu'est-ce qu'il porte? – Des lunettes.
5. Qu'est-ce qu'il regarde souvent? Des éléphants.
6. Qu'est-ce qu'il aime? – Dormir.
7. Qu'est-ce qu'il n'aime pas? – Ecrire.
8. Qu'est-ce qu'il mange souvent? – De la salade.
9. A quoi s'intéresse-t-il? – A l'électronique.
10. Qu'est-ce qu'il aimerait / veut avoir? – Des jouets.
11. Quest-ce qu'il n'a pas? – Un orgue.
12. Où travaille-t-il? – A l'usine.
13. A quoi joue-t-il? A la roulette.

Remarques

1. Il faut laisser environ 15 secondes aux élèves après chaque question pour qu'ils puissent choisir à la fois la réponse et la lettre du mot qu'ils veulent utiliser.
2. Pour faciliter le jeu, les élèves ne sont pas obligés de *commencer* leur réponse avec une lettre de leur mot mais il suffit que la réponse *contienne* cette lettre. Exemple: *Comment s'appelle-t-il? – Christian, Jacques.*
3. Il est nécessaire que le professeur explique à la classe qu'il pose éventuellement plus de questions que les élèves n'ont de lettres à placer. Dans ce cas, ceux-ci choisissent les questions auxquelles ils veulent répondre. En plus, il les avertit que les verbes sont aussi admis comme réponses.

Niveau B

Variations

1. Tous les élèves jouent avec le même mot proposé par le professeur, par exemple REFRIGERATEUR. Ensuite, le professeur distribue aux élèves une feuille contenant le questionnaire et leur accorde 5 à 10 minutes pour trouver les réponses. Celui qui réussit à utiliser le maximum de lettres du mot REFRIGERATEUR est gagnant et lit ses réponses. Exemple de réponses:

   1. R ené
   2. E té
   3. F erme
   4. R adio
   5. I mages
   6. G âteaux
   7. E crire
   8. R iz
   9. A thlétisme
   10. T élé
   11. E nfants
   12. U sine
   13. R ugby

2. Au lieu de distribuer un questionnaire aux élèves, le professeur propose des phrases courtes comme *C'est quelque chose à manger. C'est dans la maison. C'est une ville de France. etc.* Le déroulement du jeu est le même que ci-dessus.

Niveau B

53 Deux mille oreilles

Buts Nombres; la question «combien de ...?»
Niveau B, C
Durée 10 minutes
Organisation Un élève et le reste de la classe

Déroulement Un volontaire vient s'asseoir devant le tableau. Le professeur explique qu'il va poser des questions qui ont pour réponse un nombre. Il précise au volontaire qu'il ne doit pas répondre à la première question tout de suite, mais qu'il doit retenir sa réponse pour la deuxième question, puis répondre à la troisième question par la seconde réponse et ainsi de suite. Il faut donc toujours répondre à la question précédente.
Exemple de questionnaire et de réponses:

Combien de jours y a-t-il dans un mois? – (pas de réponse)
Combien de frères as-tu? – 30 (31)
Combien de dents a un homme? – 2
Combien de femmes le directeur a-t-il? – 32
Combien d'oreilles ton professeur de maths a-t-il? – 1
Combien de saisons y a-t-il? – 2
Combien de jours y a-t-il dans une année? – 4
Combien de pantalons portes-tu maintenant? – 365

Remarques

1. Afin de rendre le jeu plus amusant il est intéressant d'alterner les questions dont les réponses comportent un nombre élevé avec les autres.
2. Il est recommandable de poser entre dix et vingt questions pour éviter que le jeu ne soit trop bref ou trop ennuyeux.
3. Le jeu paraît facile mais il exige une bonne préparation de la part du professeur et une bonne capacité de concentration de la part de l'élève. Il ne fonctionne pas si l'on change la structure des questions. Il faut par exemple éviter toute question sur l'âge de quelqu'un et sur l'heure, car la réponse à une telle question ne peut servir de réponse à une autre, par exemple:

Quel âge as-tu? –
Combien de frères as-tu? – 12 ans.

Niveau B

Lorsque les réponses comprennent le nombre *un* ou *une* il faut veiller à ce que le genre de l'une soit utilisable pour l'autre. Exemple à ne pas suivre:

    Combien de mères as-tu? –
    Combien de nez as-tu? – Une.

4. Dans une classe d'un niveau plus élevé, on peut demander aux élèves de rédiger eux-mêmes un questionnaire. Ils doivent inscrire pour eux-mêmes dans la marge une réponse approximative à chaque question afin de contrôler si le jeu sera amusant ou non et si la réponse donnée est correcte. Puis ils se posent les questions les uns aux autres par groupes de deux.

5. Le professeur peut faire sortir le volontaire et lui expliquer le jeu sans que la classe l'entende. Puis le volontaire s'asseoit devant le tableau et le professeur lui pose les questions. La classe doit trouver la raison pour laquelle l'élève donne des réponses si «bizarres».

Niveau B

54 Recherches

But Interrogation
Niveau B, C
Durée 10 minutes
Organisation Un élève et le reste de la classe

Déroulement Un volontaire vient se placer devant la classe. Il pense à un objet quelconque sans le nommer. Les élèves doivent deviner l'objet en posant des questions. Le volontaire ne répond que par *oui* ou par *non*. Lorsqu'un élève a trouvé la bonne réponse, il remplace l'élève devant la classe et pense à son tour à un objet.

Remarques

1. Il est utile, avant de commencer le jeu, de dresser une liste de questions. Exemples:

    C'est petit?/ grand?/ long?
    C'est masculin?/ féminin?
    C'est en bois?/ en fer?/ en verre?
    C'est dans la classe?/ dans la maison?
    C'est plus grand qu'une voiture?
    C'est quelque chose à boire?
    C'est plus cher qu'un livre?
    Est-ce que tout le monde en a un?

2. Le professeur peut limiter le nombre de questions que les élèves peuvent poser. Si la réponse n'est pas trouvée, on recommence le jeu. Il est possible aussi de limiter le jeu à un certain nombre de minutes et la classe pose le maximum de questions pendant ce temps.
3. Pour que les élèves posent des questions plus diversifiées, on peut choisir d'autres sujets, tels que les loisirs, les activités, les métiers etc.
4. Afin de contrôler le mot auquel l'élève a pensé, le professeur demande à ce dernier de le lui murmurer.

Niveau B

55 Vision future

Buts Futur composé ou futur simple; champs lexicaux: famille, amour, argent, santé, travail, habitation, vacances
Niveau B, C
Durée 15 à 25 minutes
Organisation Groupes de 2

Déroulement Le jeu peut se composer de trois parties. La première et la seconde se jouent devant la classe, d'abord entre le professeur et un élève, ensuite entre deux élèves. La troisième partie se joue par groupes de deux.
Le professeur fait venir un élève devant la classe et lui prédit son avenir. Exemple:

>   Je vois que tu vas avoir cinq enfants.
>   Je pense que tu deviendras célèbre.

Ensuite il appelle deux élèves dont l'un prend le rôle de la voyante et l'autre le rôle du client qui peut poser des questions ou demander des précisions.

>   Est-ce que je serai chanteur?
>   Est-ce que je vais avoir une voiture de sport?

Après ces deux phases servant d'exemples, le professeur et la classe corrigent les fautes commises. Avant que les élèves ne jouent à deux, le professeur leur rappelle que le jeu est plus intéressant si le client pose des questions.
Les élèves forment alors des groupes de deux et se prédisent mutuellement l'avenir.

Remarques

1. En phase introductive, il est possible d'utiliser un horoscope adapté comme exemple pour rassembler les différentes rubriques (famille, amour, métier etc.) que le professeur écrira au tableau.
2. Pour assurer l'usage correct des formes irrégulières du futur, on pourrait les réviser à partir de l'exemple utilisé dans la phase introductive.
3. Au début du jeu, le professeur choisira de préférence un bon élève pour la première partie et deux élèves originaux et créatifs pour la secon-

de. Le fait de demander aux clients de poser des questions présente l'avantage d'intensifier l'activité des élèves.
4. Concernant la troisième partie, les élèves pourraient éventuellement choisir quelqu'un qu'ils connaissent bien comme partenaire, ce qui leur faciliterait la tâche pour prédire l'avenir de l'autre.
5. En général, la situation est plus amusante si la voyante utilise quelques accessoires simples, lit les lignes de la main ou dans une boule de cristal.
6. Comme devoirs à faire à la maison, on pourrait demander aux élèves de rédiger l'avenir d'une personne connue par toute la classe (professeur, élève, directeur).

Niveau B

56 Le trucassi

But Conditionnel
Niveau B, C
Durée 10 minutes
Organisation Un élève et le reste de la classe

Déroulement Un élève quitte la classe. Le reste de la classe se met d'accord pour trouver une situation fictive et la formule dans une subordonnée commençant par *si*. Ex: «*Si j'allais à la plage, …*».
L'élève revient dans la classe et les autres lui proposent différentes suites logiques de la subordonnée pour l'aider à la trouver. Exemples:

..., j'apporterais mon maillot de bain.
..., je me baignerais.
..., je me ferais bronzer.
..., je ferais de la planche à voile.

Le jeu se termine lorsque l'élève trouve la subordonnée.

Remarques

1. Comme il y a des subordonnées qui se prêtent moins à ce jeu, il est préférable d'en faire formuler plusieurs durant l'absence de l'élève. On peut ainsi choisir celle à laquelle il est plus facile de trouver des principales. Exemples:

Si je travaillais en Afrique, …
Si je visitais Paris, …
Si je tombais amoureux, …

2. Lorsque le contenu de la réponse est exact, celle-ci est acceptée, indépendamment de sa forme.

Variation On pourrait adapter ce jeu à un niveau moins élevé en remplaçant la subordonnée qui commence par «si» par une principale à laquelle les élèves trouvent des subordonnées qui commencent par *parce que*. L'élève sorti doit trouver la principale. Exemples:

Je fais du sport, parce que c'est sain.
..., parce que c'est amusant.
..., parce qu'on est dehors.
…

Niveau B

57 Personnix

> **But** Comparatif de l'adjectif et de l'adverbe
> **Niveau** B, C
> **Durée** 15 minutes
> **Organisation** 2 élèves et le reste de la classe

Déroulement Dans une phase introductive, le professeur demande aux élèves comment on peut décrire quelqu'un sans donner trop de détails sur son aspect extérieur. Il amène la classe à trouver des phrases comme:

> La personne habite loin de l'école.
> Elle a beaucoup de frères et sœurs. etc.

Un élève ou le professeur écrit les phrases au tableau, puis le jeu commence.
Deux volontaires quittent la classe et les élèves choisissent un ou une camarade parmi ceux que les deux volontaires connaissent assez bien. Le professeur explique que la classe doit comparer la personne choisie à d'autres élèves. Exemples:

> La personne X est plus forte en maths que Jean.
> Elle fait moins de sport que Brigitte.

Les élèves rentrent, on explique les règles du jeu. Les deux volontaires doivent deviner la personne en question d'après les informations données par leurs camarades. Le premier qui la découvre est gagnant. Chacun des deux n'a droit qu'à une seule réponse fausse.

Remarques

1. Il faut compter au moins dix minutes pour la phase introductive.
2. Pendant cette phase, le professeur fait écrire au tableau seulement les phrases qui aideront les élèves à formuler les comparaisons pendant le jeu.
3. Il est préférable de jouer à ce jeu dans une classe où les élèves se connaissent bien.
4. Le jeu se joue de préférence dans une classe où les élèves maîtrisent assez bien ce sujet grammatical, afin d'éviter les longues pauses et les corrections entre les comparaisons.
5. Etant donné que le nombre d'élèves en question se réduit après chaque comparaison, le professeur rappelle à la classe qu'elle peut employer

la comparaison *aussi... que* avec la personne X choisie afin de brouiller les pistes.
6. Le professeur peut demander à la classe de comparer aussi la personne X avec les deux volontaires et non pas seulement avec le reste de la classe.
7. Si les élèves manquent d'idées pour décrire la personne, le professeur peut donner des mots-clés comme *maison, famille, village, musique, école, etc.*
8. Idées de comparaisons possibles:

    La personne court plus vite que ...
    Elle fait plus de sport que ...
    Elle aime plus le foot que ...
    Elle a le même âge que ...
    Elle parle mieux français que ...
    Elle mange plus que ...
    Elle va plus souvent au cinéma que ...
    Elle achète plus de disques que ...
    Elle est meilleure en maths que ...
    Elle a autant d'animaux que ...
    Elle arrive plus tôt à l'école que ...
    Elle a plus de frères et sœurs que ...
    Elle a moins de livres que ...
    Elle habite plus loin que ...
    Son frère est plus âgé que ...
    Sa maison est plus grande que ...

58 L'aimant

> **But** Expression libre: description d'une personne
> **Niveau** B, C
> **Durée** 15 minutes
> **Organisation** 3 groupes et un élève

Déroulement Un volontaire s'asseoit face au tableau. Le professeur divise le reste de la classe en trois équipes A, B, C. Les équipes A et B doivent avoir le même nombre de joueurs. L'équipe A décrit quelqu'un de l'équipe C qui est visible de tous, sauf du volontaire. Elle donne des informations sur son habillement, sur son extérieur, et une information supplémentaire, par exemple: où il habite, ce qu'il aime, s'il a un animal domestique.
Cette description dure une minute au maximum. Si le volontaire devine la personne en question, celle-ci va dans l'équipe A, en devient membre et participe aux descriptions suivantes de cette équipe. Ensuite, c'est au tour de l'équipe B. Si le volontaire ne découvre pas la personne décrite, celle-ci reste dans l'équipe C et peut être décrite encore une fois. Le but pour les groupes A et B est d'avoir le plus grand nombre de joueurs à la fin du jeu.

Variation Le jeu se prête aussi particulièrement bien à la révision des prépositions. Les groupes A et B décrivent une personne en indiquant le lieu où elle se trouve dans la classe, par exemple: Elle est assise près de la fenêtre, à gauche de Jacques, devant le tableau etc.

Niveau B

59 Alors, raconte!

But Expression libre: composition d'une histoire
Niveau B, C
Durée 10 à 15 minutes
Organisation Toute la classe

Déroulement Le professeur donne le sujet d'une histoire, p. ex. «*Monsieur Herbaux a perdu ses clés*». Le professeur commence l'histoire de la façon suivante: «En France, il y a un *village*. Dans ce *village* habite Monsieur Herbaux.» Les élèves continuent l'histoire en reprenant un substantif de la phrase précédente et le placent dans une nouvelle phrase. Le but du jeu est de reprendre la phrase de départ donnée par le professeur et de constituer une suite logique. Exemple:

«En France il y a un village. Dans ce *village* habite M. Herbaux. *M.Herbaux* a une belle voiture. Sa *voiture* se trouve devant la gare. Il quitte *la gare* et va chez son ami. *Son ami* lui offre une cigarette. Il fume sa *cigarette* et quitte l'appartement. *L'appartement* se trouve à trois kilomètres de la gare. Sur le chemin de *la gare,* il cherche ses clés. *Ses clés* ne sont plus dans sa poche. *Sa poche* a un trou. Par ce *trou* sont tombées ses clés.»

Remarques

1. Ce jeu peut être une alternative à la révision banale d'une leçon ou d'un texte vu en classe.
2. Le professeur doit veiller à ce que les élèves ne reprennent pas constamment le même mot et ne fassent pas seulement des phrases avec les auxiliaires *avoir* et *être*.
3. On peut, à l'aide de quelques mots-clés écrits au tableau, donner la direction que doit prendre l'histoire.

Niveau B

60 Le mot caché

> **But** Expression libre
> **Niveau** B, C, D
> **Durée** 15 minutes
> **Organisation** Groupes de 5

Déroulement Chaque élève d'un groupe écrit sur un morceau de papier un mot français quelconque. Il plie le papier, le donne à son voisin de droite. Chacun lit secrètement le papier reçu. Tour à tour, chaque élève pose une question à son voisin de gauche. Celui-ci doit répondre en essayant de placer le mot reçu dans une phrase. Les autres membres du groupe, qui ne connaissent pas le mot, essayent de le deviner.

Remarque Sans pour cela se limiter à une seule phrase, il faut éviter de «noyer» le mot caché dans une réponse trop longue.

Variations

1. Pour une classe de débutants, on peut jouer ce jeu en envoyant cinq volontaires au tableau, face à la classe. Le professeur donne à chacun un papier sur lequel il a écrit un mot différent pour chaque élève. Un des volontaires commence et place son mot dans une phrase de son choix. La classe doit deviner le mot caché. On n'admet qu'une seule réponse. C'est pourquoi il est préférable que le volontaire choisisse lui-même quelqu'un de la classe pour deviner son mot.
Si un élève a trouvé le bon mot, il remplace son camarade au tableau; sinon, le volontaire reçoit un second mot. On continue avec la phrase du second volontaire et ainsi de suite. Cette variation permet au professeur de contrôler la phrase énoncée et de veiller au bon emploi du mot. En plus, chaque élève aura le temps de réfléchir à sa phrase pendant que les autres élèves disent les leurs et que la classe devine.
2. Par rapport au jeu de base, dans une classe d'avancés, on peut remplacer le mot par une phrase courte de cinq à dix mots. Le jeu se déroule presque de la même façon, mais au lieu de répondre à une question, l'élève fait un petit récit de son choix dans lequel il place la phrase reçue.
3. Avec des élèves d'un niveau très avancé, deux volontaires A et B se placent face à la classe. Le professeur montre deux petites phrases différentes aux autres élèves. Exemples:

Niveau B

Je n'aime pas le chocolat.
J'ai découvert une souris chez moi.

Il en donne une à l'élève A et l'autre à l'élève B. Il leur annonce qu'ils sont M. Herbaux et M. Pinel qui viennent de rentrer de vacances. Ils se rencontrent dans un parc. M. Herbaux demande à M. Pinel: *«Vous avez passé de bonnes vacances?»*
Les deux volontaires doivent placer leur phrase dans la conversation. Le professeur peut les aider à commencer. Les élèves ont une limite de temps ou un nombre de phrases donné. Cette limite atteinte, ils doivent deviner la phrase que l'autre élève a dû placer dans la conversation.
4. Elle se joue comme la variation 3, mais cette fois-ci, la classe ne connaît pas les deux phrases. Le professeur montre les deux phrases aux deux joueurs. Ainsi chaque joueur aidera l'autre à placer sa phrase. Après deux minutes, c'est à la classe de deviner les deux phrases.

Niveau B

61 Seul contre tous

> **Buts** Orthographe, vocabulaire
> **Niveau** B, C, D
> **Durée** 10 minutes
> **Organisation** Se joue seul

Déroulement Le professeur choisit un long mot et l'écrit au tableau. Il invite tous les élèves à trouver d'autres mots plus courts dont toutes les lettres sont contenues dans ce long mot. Exemples:

lampadaire: lampe, damier, mairie, marié, maire, lama, lame, larme, dame, dire, lire, pire, drap, raie, amer, air, aire, ami, amie, raide, paire, ride, mal, etc.

imaginaire: imaginer, mariage, imagine, mirage, graine, maigre, image, animé, aigre, marge, maire, marié, grain, main, aire, rage, nager, gare, mari, rime, gain, air, âge, rein, rien, etc.

Autres mots: personnage, sauvegarde, galanterie, diminution, traitement, impression, bassinoire, noctambule.

Chaque élève inscrit sa liste dans son cahier. Après trois minutes, l'élève ayant trouvé le plus grand nombre de mots, va au tableau et écrit sa propre liste. En même temps, les autres barrent ces mots dans leur liste. Puis le professeur demande à la classe si elle a trouvé des mots supplémentaires. Il les écrit aussi au tableau. Si tous les élèves de la classe ensemble ont trouvé plus de mots que l'élève au tableau, celui-ci a perdu.

Remarques

1. Afin d'inciter les élèves à chercher de longs mots, on peut compter double les mots de six lettres et plus.
2. On peut accepter tous les mots, même les verbes conjugués, les participes, les féminins et les pluriels.
3. Selon le niveau de la classe et du mot choisi, le professeur fixe la durée du jeu lui-même et varie l'échelon des valeurs:

    25 mots et plus = génial
    21 mots = niveau du professeur
    18 mots = applaudissements
    15 mots = pas mal

Niveau B

Variation Le professeur écrit un long mot au tableau. Toute la classe cherche ensemble au moins vingt mots. Le professeur fixe la durée du jeu selon le niveau de la classe.

Niveau C

62 L'adjectif barré

But Adjectif
Niveau C
Durée 20 minutes
Organisation Groupes de 4 ou 5

Déroulement Les groupes écrivent dans leurs cahiers les lettres de A à Z les unes au-dessous des autres. Ils essaient de trouver en cinq minutes le plus d'adjectifs possible commençant par une lettre différente. Lorsque le temps est écoulé, les groupes comptent le nombre d'adjectifs qu'ils ont trouvés. Le groupe qui en a trouvé le plus est gagnant.
Pour avoir un second vainqueur, on demande dans une deuxième phase au groupe gagnant de lire sa liste. Tous les autres groupes barrent sur leur liste les adjectifs qui sont cités par le groupe gagnant. Ensuite, les groupes font le compte des adjectifs qui restent. Le deuxième vainqueur est le groupe qui en a le plus.

Remarque Le professeur doit avertir les élèves que le jeu se compose de deux parties afin qu'ils essaient de trouver des adjectifs originaux.

Niveau C

63 Trou de mémoire

Buts Imparfait, passé composé
Niveau C
Durée 15 à 20 minutes
Organisation Toute la classe

Déroulement Le professeur explique aux élèves que l'un d'entre eux a perdu la mémoire. Un élève commissaire devra sortir de la classe pendant que les autres se choisiront celui qui a un trou de mémoire. Puis le commissaire devra rentrer et trouver la personne en question. Les autres lui donneront des indices sur ce que l'élève a fait la veille ou pendant les derniers jours. Dans une phase préalable toute la classe cherche des exemples d'informations qui peuvent aider à reconnaître l'identité de quelqu'un sans décrire son aspect extérieur. Exemples:

ce qu'il a fait hier, la semaine dernière, pendant les vacances;
quelle note il a eue au dernier devoir;
avec qui il est allé à la piscine, au cinéma;
ce qu'il s'est acheté etc.

Puis le jeu commence. Le commissaire quitte la classe. Les élèves choisissent quelqu'un qui se distingue des autres par quelques détails. Le commissaire revient et écoute les informations données par la classe. Il peut lui-même poser des questions et demander des précisions. Il n'a le droit de deviner que deux fois. Si la deuxième réponse est fausse aussi, c'est à un autre élève de prendre sa place et le jeu recommence avec un autre qui a perdu la mémoire.

Remarques
1. Il est important que la conversation préliminaire sur les informations possibles soit menée en français pour que chaque élève soit capable d'employer le vocabulaire nécessaire à la phase suivante.
2. Le professeur peut écrire des exemples d'informations au tableau pour faciliter la tâche des élèves.
3. Ce jeu permet de mieux faire connaissance de ses camarades de classe. C'est pourquoi il est bon de le jouer en début d'année.
4. La réussite du jeu dépend surtout de la diversité des informations que la classe peut offrir au joueur. Exemples de phrases:

Niveau C

Il/Elle a mangé le soir avec ses trois sœurs et ses deux frères.
Il/Elle a aidé ses parents dans les champs.
... est allé(e) au cinéma avec son ami(e).
... a joué du .../au ...
... a été malade jeudi/pendant ... jours.
... a eu un ... en anglais.
... a écrit un bon/mauvais test en ...
... a acheté un disque/une cassette de ...
... a regardé ... à la télé avec ...
... est allé(e) voir son ami(e) ... à ...
... a gagné un match de ...
... a fait du cheval/vélo/...
... a souvent parlé avec ...
... est venu(e) à l'école en bus/voiture/train/à vélo.
... a joué avec son chat/chien/cheval/oiseau/...
Son chanteur préféré/sa chanteuse préférée est ...
Sa famille habite dans/près de ...

5. Le professeur peut aussi permettre que les élèves prennent des notes avant que le commissaire revienne dans la classe.

64 La salade niçoise

Buts Impératif; syntaxe   **Niveau** C   **Durée** 40 minutes   **Organisation** Groupes de 3 à 4

Déroulement Le professeur explique aux groupes qu'ils se trouvent dans la rédaction d'un journal. Le rédacteur en chef doit rédiger la recette d'une salade niçoise. Pendant son travail, il est continuellement dérangé de sorte qu'il mélange plusieurs textes. Puis le professeur distribue aux élèves deux ou trois textes préparés à l'avance. C'est aux groupes d'en faire la salade niçoise la plus drôle possible en tenant compte de la syntaxe correcte. Exemples de textes:

a) Une sauce vinaigrette pour les cheveux?

Voulez-vous avoir les cheveux brillants? C'est simple.
Utilisez de l'huile d'olive et du vinaigre!
1. Appliquez un peu d'huile d'olive sur vos cheveux. Massez bien.
2. Mettez une serviette chaude autour de votre tête. Attendez 30 minutes.
3. Lavez-vous la tête avec un bon shampooing.
4. Rincez bien vos cheveux avec de l'eau, et ensuite avec un mélange d'eau et de vinaigre.

b) Chez le dentiste

Le dentiste à son patient: «Ouvrez très grand la bouche! J'ai l'impression que cette extraction ne va pas se passer aussi facilement que je le pensais …»
Et à son assistante: «Mademoiselle, passez-moi mes boules Quiès!»

c) La salade niçoise

Faites cuire les œufs. Pendant ce temps, préparez la vinaigrette. Lavez les tomates et les poivrons. Coupez les tomates en 8 quartiers, les pommes de terre et les oignons en rondelles, les poivrons en morceaux. Egouttez les haricots verts, puis coupez-les et mettez-les dans un saladier. Ajoutez les pommes de terre, les tomates, les poivrons et le thon. Mettez une partie de la vinaigrette, puis décorez avec les œufs, les oignons et les olives. Mettez le reste de la vinaigrette, mais mélangez seulement au moment où vous servez le plat. Bon appétit!

Niveau C

Exemple d'une transformation possible des textes indiqués ci-dessus: Faites cuire les œufs. Pendant ce temps, ouvrez très grand la bouche. Mettez une serviette chaude autour de votre assistante, décorez avec les œufs. C'est simple. Puis coupez-les et mettez-les dans un saladier. Attendez 30 minutes. Mélangez seulement au moment où vous servez le plat. Cette extraction ne va pas se passer aussi facilement ...

Remarque   Les élèves ne sont pas obligés d'utiliser toutes les phrases des textes donnés.

Variation   Le professeur distribue des textes «mélangés» aux élèves. C'est à eux de retrouver les parties de phrases de la recette et de reconstituer ainsi la recette intégrale de la salade niçoise. Le groupe qui a fini le premier est gagnant.

Niveau C

65 Si j'enchaînais les «si»

But Proposition conditionnelle avec *si*
Niveau C
Durée 15 minutes
Organisation Groupes de 3 ou 4

Déroulement Le professeur donne une même phrase à tous les groupes. Chaque groupe essaie de former la chaîne de phrases la plus longue possible en faisant de la principale précédente une subordonnée à l'imparfait commençant par «si». Exemple:

    Si j'avais une voiture, je partirais en vacances.
    Si je partais en vacances, je rencontrerais ...

On donne deux points par phrase correcte, on enlève un point pour chaque faute. Après dix minutes, les élèves lisent leur chaîne de phrases, et on additionne les points.

Variations

1. Chaque groupe peut aussi choisir lui-même sa phrase de départ.
2. A un niveau très avancé, les élèves construisent des phrases dont la subordonnée commence par *si* suivi d'un verbe au plus-que-parfait et dont la principale contient un verbe au conditionnel passé. Exemple:

    Si j'avais eu une voiture, je serais parti en vacances.
    Si j'étais parti en vacances, j'aurais rencontré ...

3. Les élèves partent de la première phrase de la chaîne avec un verbe au présent. Ils la complètent par une subordonnée commençant par *parce que* et dont le verbe est au passé composé. Puis ils reprennent la subordonnée précédente et la transforment en principale mais cette fois-ci avec le verbe au passé composé. Ils y ajoutent une nouvelle subordonnée, comme précédemment. Exemple:

    Je suis malade parce que j'ai mangé des champignons.
    J'ai mangé des champignons parce que je suis allé(e) ...

4. Les élèves commencent une chaîne de phrases en partant d'une subordonnée commençant par *comme*, suivi d'un verbe au passé composé et d'une principale dont le verbe est au présent.

Niveau C

Puis ils reprennent la principale et la transforment en subordonnée commençant par *comme* et y ajoutent une principale. Exemple:

Comme j'ai mangé des champignons, je suis malade.
Comme je suis malade, je ne pars pas en vacances.
Comme je ne pars pas en vacances, ...

Niveau C

66 Décrimo

But Expression libre: définition de mots
Niveau C
Durée 15 minutes
Organisation Groupes de 2

Déroulement Chaque élève écrit 10 mots dans son cahier sans les montrer à son voisin. Le professeur groupe les élèves par deux. Le premier doit décrire par mots clés ou par petites phrases un mot de sa liste. Son partenaire essaie de trouver ce mot le plus rapidement possible sans poser de questions. Si le mot est deviné, on le barre, sinon il reste visible. C'est ensuite au tour du second élève de décrire un de ses mots, et ainsi de suite.
Afin de ne pas perdre de temps si l'élève qui décrit un mot n'arrive pas à s'exprimer, il laisse ce mot visible et en décrit un autre.
Parmi les dix mots de chaque liste, les élèves doivent en trouver au minimum sept. Le but est atteint quand les deux partenaires ont trouvé au moins sept mots en dix minutes.
Les mots restants seront ensuite lus devant la classe. Ensemble, les élèves chercheront une façon de les expliquer.

Remarques

1. Le professeur peut choisir les élèves au hasard dans la classe afin d'être sûr que les élèves d'un même groupe ne connaissent pas les mots choisis par l'autre.
2. La concurrence n'est pas nécessaire dans ce jeu. Les partenaires décrivent leurs mots sans essayer d'être le permier groupe qui atteint le but.

Niveau C

67 Les espions

> **But** Conversation: questions et réponses
> **Niveau** C, D
> **Durée** 30 minutes
> **Organisation** 9 élèves et le reste de la classe

Déroulement Le professeur demande à neuf volontaires de s'asseoir devant la classe: ce sont les espions. Chacun d'eux reçoit un papier d'identité préparé à l'avance. Sur ces cartes d'identité sont inscrits les noms des personnages et quatre informations importantes les concernant. Pendant que les espions se familiarisent avec leur propre personnage, le professeur distribue au reste de la classe une feuille sur laquelle se trouvent les neuf cartes d'identité. La classe joue le rôle du commissaire qui doit identifier les espions en leur posant des questions. Celui ou celle de la classe qui découvre en premier les neuf personnages a gagné.

Remarques

1. Pour compliquer le jeu, on doit retrouver trois fois la même information dans les fiches d'identité. Les élèves seront ainsi obligés de combiner les informations entre elles afin de deviner de quel espion il s'agit.
2. On peut même ajouter sur la feuille dont disposent tous les élèves-commissaires une identité qui ne correspond à aucun des espions présents.
3. Les espions doivent dire la vérité. Dans les classes plus avancées, un espion aura la permission de mentir.
4. Exemples de cartes d'identité:

Niveau C

CLAUDE (CLAUDINE)	RENE (E)	GHISLAIN (E)
a un revolver	est champion de karaté	a un passeport canadien
n'a pas de passeport	parle russe	est expert en déguisements
parle espagnol	boit du whisky	a un appareil photo
est expert en électronique	a un passeport américain	parle espagnol
DANIEL (LE)	**JEAN (NE)**	**MARCEL (LE)**
a un passeport américain	a un revolver	est champion de karaté
parle russe	a un passeport américain	a un passeport canadien
est ancien soldat	parle espagnol	boit du whisky
est expert en électronique	est expert en déguisements	a un appareil photo
GABRIEL (LE)	**JOEL (LE)**	**BERNARD (BERNADETTE)**
a un passeport canadien	a un revolver	n'a pas de passeport
boit du whisky	est champion de karaté	a un appareil photo
est ancien soldat	n'a pas de passeport	est ancien soldat
est expert en électronique	parle russe	est expert en déguisements

Niveau C

68 Le clou

> **But** Expression libre: composition d'une histoire
> **Niveau** C, D
> **Durée** 10 minutes
> **Organisation** Toute la classe

Déroulement Le professeur donne une phrase aux élèves en précisant qu'il s'agit de la phrase finale d'une histoire, par exemple: *Depuis, elle ne m'aime plus.* Il demande aux élèves de composer oralement une histoire qui se termine par cette phrase.

Remarques

1. Le professeur peut inscrire au fur et à mesure quelques phrases ou mots-clés de l'histoire au tableau pour permettre de mieux la suivre.
2. Si les élèves ont des difficultés à démarrer, le professeur peut donner le commencement de l'histoire lui-même.
3. On peut exiger un minimum de 7 phrases pour chaque histoire.
4. D'autres exemples de phrases finales:

- Et l'agent m'a demandé de monter dans mon ballon.
- Quand je suis sorti du sous-marin, il n'y avait personne pour m'accueillir.
- Et je ne l'ai jamais plus revu.
- C'est comme ça que je suis devenu millionnaire.
- Depuis ce jour-là, on parle de moi dans les journaux.
- Et depuis, je ne mange plus de viande.

Niveau C

69 Histoire policière

But Expression libre: composition d'une histoire
Niveau C, D
Durée 10 à 15 minutes
Organisation Toute la classe

Déroulement Le professeur demande aux élèves de lui donner dix mots choisis au hasard. Il les écrit au tableau. Les élèves essaient de construire, tous ensemble, une histoire policière qui doit contenir tous ces mots dans n'importe quel ordre.

Remarques

1. Le professeur peut écrire au tableau 10 mots récemment appris en classe.
2. Pour éviter que les élèves ne concentrent ces mots dans une ou deux phrases, le professeur doit donner un nombre minimum de phrases pour construire l'histoire (environ 5 ou 6).
3. Pour faciliter le jeu dans une classe plus faible, on peut faire raconter une histoire simple.
4. On peut aussi faire écrire l'histoire en groupes, ou la donner à faire à la maison comme devoirs.
5. Pour varier le sujet du jeu, on peut choisir le thème du château hanté ou d'un conte de fées.

Niveau C

70 Détectives

> **But** Conversation: composition d'une histoire
> **Niveau** C, D
> **Durée** 15 minutes
> **Organisation** Toute la classe

Déroulement Le professeur raconte aux élèves que quelque chose de désagréable lui est arrivé. Les élèves doivent deviner ce que c'est. Pour les mettre sur la bonne voie, le professeur donne un indice, par exemple le mot *clé*. Les élèves font des propositions. Au fur et à mesure que les élèves cherchent et avancent, le professeur leur donne d'autres indices, par exemple *porte, enfants, fermé, promener le chien* etc. Le professeur aide les élèves en leur indiquant les éléments corrects de l'histoire déjà trouvés, p. ex.: «Ils est juste que je me suis promené avec mon chien avant d'aller à l'école.» Quand les élèves ont trouvé l'histoire entière, le professeur peut la raconter en détail.

Remarque Avec des élèves hésitants, le professeur peut livrer davantage de mots-clés à chaque fois.

Niveau C

71 Dédé à la télé

> **But** Expression libre: composition d'une histoire par écrit
> **Niveau** C, D
> **Durée** 40 minutes
> **Organisation** Groupes de 3 à 5

Déroulement On explique aux élèves qu'on va écrire une histoire en commun. On leur précise de quoi il s'agit: «Un homme qui s'appelle Dédé va pour la première fois faire une émission en direct à la télé (un débat politique, un jeu télévisé, une émission de variété ...). Au cours de l'émission surviennent une ou plusieurs pannes. Cependant, il se montre capable d'improviser et obtient un grand succès.»
Après leur avoir indiqué le sujet de l'histoire, on répartit les élèves en trois groupes. Le premier groupe (A) est chargé d'essayer de décrire en quelques phrases ce que Dédé a dû faire pour se préparer à sa première émission. Le second groupe (B) raconte le déroulement d'une ou de plusieurs pannes et ce que fait Dédé pour s'en sortir ou sauver la situation. Le troisième groupe (C) rapporte les réactions des spectateurs, des amis de Dédé, de sa famille, de ses collègues etc.
Lorsque le travail en groupe est terminé, chaque groupe présente dans l'ordre ce qu'il a écrit sur Dédé. Toutes les parties de l'histoire doivent former un tout. Exemple d'une histoire:

Dédé et le Grand Prix Eurovision de la chanson
A) Dédé reçoit une lettre. On lui demande de présenter le Grand Prix Eurovision de la chanson. Il accepte. Il a très peur. Il va chez un psychiatre qui lui dit de faire du yoga. On l'envoie chez le coiffeur pour une nouvelle coiffure. Huit personnes l'accompagnent pour choisir ce qu'il va porter le jour de la présentation à la télé. Ce sera être la première fois qu'un homme présente cette émission. Dédé prend des cours de prononciation et des cours de mimique. On lui apprend comment sourire et comment regarder dans la caméra. Dédé est toujours contrôlé. Il doit s'entraîner 13 heures par jour. Le jour de l'émission arrive.

B) Le public l'accueille avec enthousiasme. Les femmes l'admirent. Il présente les chanteurs et les chanteuses. On admire sa prononciation. Dédé est parfait, il n'a plus peur. Mais la chanteuse qui doit représenter la France ne vient pas. Elle est tombée évanouie dans les coulisses et est incapable de chanter. Dédé transpire et

Niveau C

commence à avoir peur jusqu'au moment où les femmes du public lui demandent de chanter pour elles. Il se souvient d'une chanson de son enfance. C'est une chanson d'amour. Dédé la chante et s'accompagne lui-même à la guitare. C'est l'enthousiasme dans la salle. Dédé a un succès fou et gagne le premier prix.

C) Dédé reçoit des lettres d'amour de milliers de femmes. On l'invite partout. Dédé commence à oublier sa famille. Il fait de longs voyages en Afrique et aux Etats-Unis. Pendant ces voyages il fait la connaissance d'autres femmes qui sont très belles et riches et il ne pense plus à sa femme Mathilde. Deux ans plus tard, il se sépare de sa famille.

Remarques

1. Le professeur peut donner quelques précisions supplémentaires aux groupes.
Exemple pour le groupe A: «Il s'agit de raconter comment Dédé s'est senti avant l'émission, quelles personnes il a rencontrées et quels conseils il a reçus. Décrivez de quelle façon il s'est préparé à l'émission.»
Exemple pour le groupe B: «Il faut raconter les détails d'une panne, la réaction de Dédé et celle de ses collègues.»
Exemple pour le groupe C: «Vous pouvez mentionner les lettres de spectateurs enthousiasmés et aussi les conséquences d'un tel succès sur sa vie privée.»

2. D'autres sujets de narration sont par exemple:

    l'élection de Miss France;
    le premier match international d'un footballeur;
    la première soirée en vedette d'une jeune chanteuse;
    Dédé et la météo etc.

3. On peut donner une phrase introductive à chaque groupe pour faciliter le commencement de l'histoire. Exemples:

    A: Un jour, Dédé reçoit un télégramme ...
    B: Le grand jour est arrivé ...
    C: Le lendemain matin, Dédé se réveille et regarde autour de lui ...

Niveau D

72 Alibi

But Conversation: questions et réponses
Niveau D
Durée 30 minutes
Organisation 2 élèves et le reste de la classe

Déroulement Le professeur raconte à toute la classe qu'un vol ou un autre délit a été commis. L'heure en est connue, par exemple samedi entre 6 et 8 heures. On soupçonne deux élèves d'en être coupables. Le professeur demande à deux volontaires de se chercher des alibis pour prouver leur innocence. Les deux suspects sortent et s'imaginent des alibis pendant quelques minutes. Pendant ce temps, le professeur demande au reste de la classe de rassembler des questions que les élèves poseront aux éventuels coupables. Il écrit des mots-clés au tableau. Les accusés entrent l'un après l'autre dans la classe. Les élèves leur posent à chaque fois les mêmes questions. En même temps, ils prennent des notes. A la fin, la classe décide si les alibis sont valables. S'ils ne le sont pas, les suspects sont déclarés coupables.
Exemples de questions:

Quel temps faisait-il?
Où étiez-vous entre 6 et 8 heures?
De quelle couleur est la voiture que vous avez prise?
Combien a coûté l'entrée (de cinéma, de théâtre ...)?
Quels vêtements portiez-vous/portait votre camarade?
Avec qui avez-vous parlé?
Qui avez-vous rencontré?

Niveau D

73 Le salon de l'invention

Buts Discours indirect; composition d'un texte
Niveau D
Durée 35 à 40 minutes
Organisation 4 groupes

Déroulement On explique aux groupes qu'ils sont tous au salon de l'invention à Paris. Chaque groupe est une petite délégation d'un pays étranger (p. ex.: la Chine, le Japon, l'Inde etc.). Chaque pays a une nouvelle machine à mettre sur le marché, c'est une invention récente. Chaque groupe reçoit un questionnaire où il est demandé comment cette machine s'appelle, à quoi elle sert, combien elle coûte, quels avantages elle a, comment elle fonctionne etc. Tous les groupes doivent présenter leurs machines en répondant à ces questions. Selon leur nationalité, ils devront remplacer une lettre précise par une autre, dictée par le professeur. Ainsi les Chinois remplacent-ils les «*r*» par des «*l*». Exemple:

«Voilà notle glande machine à faile dispalaîtle les gens qu'on n'aime pas. Poul s'en selvil il faut tlois pelsonnes ...»

Les élèves écrivent leur petit discours en deux exemplaires. Les groupes échangent l'un de leurs exemplaires et doivent «traduire» et transformer ce que le groupe inventeur a voulu dire. Exemple: *«Les Chinois ont voulu dire que ...»*
L'original et la version française indirecte sont lus devant la classe par un élève de chaque groupe.

Remarques

1. On limite le temps de rédaction du texte présentant la machine à 10 ou 15 minutes.
2. Avant que l'échange ne soit fait, le professeur pourrait dresser au tableau une liste des possibilités d'introduire le discours indirect. Exemples:

il a dit que ...
il a raconté que ...
il a annoncé que ...
il a voulu dire que ...
il a expliqué que ...

Niveau D

Ceci permettrait aux élèves d'éviter les éternelles répétitions de *«il a dit que...»*. Les élèves choisissent l'une de ces formules pour introduire leur discours.

3. Quelques exemples de machines:

>la machine à faire disparaître les choses et les personnes qu'on n'aime pas
>la machine à faire parler ou comprendre les animaux
>la machine à faire voler les objets
>la machine qui permet de se rendre invisible
>la machine à arrêter le temps
>la machine à marcher sur les nuages
>la machine à réaliser les souhaits
>la machine à rendre les objets transparents.

4. On peut laisser les élèves choisir l'une des machines mentionnées ci-dessus ou bien soi-même n'en proposer qu'une à chaque groupe. Dans le deuxième cas il faut tenir compte de l'intérêt des élèves, du vocabulaire qu'ils maîtrisent et de leur âge.

Niveau D

74 L'homme de l'année

Buts Civilisation française, conversation
Niveau D
Durée 30 à 40 minutes
Organisation Un groupe de 6 et le reste de la classe

Déroulement Le professeur demande à six volontaires de venir devant la classe. Il les fait s'asseoir en demi-cercle. Chacun des élèves représente une personnalité française très connue de son choix, par exemple: Jeanne d'Arc, Napoléon, Belmondo, Brigitte Bardot, Mitterrand, Louis de Funès, Gilbert Bécaud, Charles Aznavour... La classe est un jury qui doit choisir l'homme ou la femme de l'année. Les personnalités assises devant la classe vont tour à tour se présenter et expliquer pourquoi elles mériteraient d'obtenir le prix. Elles vont souligner l'importance qu'elles représentent pour la France. La durée du discours de chaque personnalité est limitée à 3 minutes. Pendant ce temps, le reste de la classe prend des notes pour demander par la suite des précisions ou poser des questions après chacun des discours. A la fin des discours, le jury vote en faveur de l'une des personnalités présentées.

Remarques

1. Les élèves doivent s'informer la veille sur une personnalité qu'ils connaissent, qu'ils estiment et à laquelle ils devront s'identifier durant le jeu.
2. Le professeur relève aussi les fautes commises pour les corriger à la fin du jeu.
3. On peut former plusieurs groupes. Chaque élève est une personnalité. Dans chaque groupe une personnalité sera élue. Le vote se fera à main levée ou à bulletins secrets. Bien sûr, il est interdit de voter pour soi-même.

Niveau D

75 Il était une fois

But Expression libre: composition d'un texte, créativité
Niveau D
Durée 45 minutes
Organisation Toute la classe

Déroulement Le professeur demande aux élèves de résumer des contes connus et leur fait remarquer qu'il y a une structure qui varie selon l'histoire mais qu'on peut schématiser de la façon suivante:
1. Un héros (un prince, un jeune soldat, une petite fille, un animal, un ouvrier, etc.) est à la recherche de sa fortune (un trésor, l'amour, un remède, une source d'énergie).
2. Quelqu'un le renseigne ou le conseille (un magicien, un rêve, un savant).
3. Le héros part à l'aventure.
4. En chemin, il se fait un ami ou un allié (un animal, un serviteur, une fée).
5. Il doit surmonter plusieurs obstacles (tâches surhumaines, combats, maladies, énigmes).
6. Il parvient à l'endroit où se trouve ce qu'il cherche (un château, un temple, une île, une montagne).
7. Un puissant ennemi s'oppose à lui (un rival, une méchante sorcière, un monstre).
8. Il affronte cet ennemi et risque de perdre (il est blessé, condamné à mort, victime d'un charme).
9. Son ami ou allié vient à son secours (le libère, lui donne un conseil ou une arme magique).
10. L'ennemi est vaincu.
11. Le héros trouve sa fortune.
Le professeur note ces éléments au tableau sous forme de schéma ou distribue ce dernier aux élèves. Toute la classe contribue à l'élaboration d'un nouveau conte. L'un des élèves commence et les autres continuent.

Remarques
1. Le professeur incite les élèves à décrire en détail le héros, les endroits de l'action, l'ennemi etc.
2. Le professeur peut encourager les élèves à composer un conte moderne, par exemple:

Niveau D

Un jeune et bel industriel est à la recherche d'une nouvelle source d'énergie pour résoudre les problèmes actuels ...

3. Comme devoirs à faire à la maison, le professeur peut demander aux élèves de composer par écrit un autre conte selon le schéma indiqué.

Niveau D

76 Débat débile

Buts Conversation, argumentation
Niveau D
Durée 45 minutes
Organisation Groupes de 4

Déroulement Chaque groupe représente un parti dont le chef se pose comme candidat à une élection communale. Chaque parti reçoit du professeur un projet pour améliorer la vie des habitants de la ville, projet pour lequel il cherchera les arguments destinés à convaincre le reste de la classe. Chaque groupe dispose de quinze minutes pour chercher des arguments valables. Les quatre représentants se réunissent devant la classe et présentent à tour de rôle leur projet et leurs arguments. Lorsque les quatre discours ont été tenus, on commence le débat entre les représentants et la classe. A la fin du débat la classe élit le maire.

Remarques

1. La présentation des projets en secret à chaque groupe offre une motivation supplémentaire pendant le jeu.
2. Les projets doivent être originaux et comiques. Exemples:

- Transformation de la piscine en un immense bac à sable.
- Peindre les feux de circulation en vert.
- Produire de la nouvelle monnaie à partir de glaçons.
- Construction obligatoire des maisons en verre transparent.

3. Pour instaurer un certain ordre dans le débat général, il est recommendable de nommer un meneur ou organisateur.
4. Afin d'éviter que les élèves ne passent d'un sujet à l'autre, le meneur doit partager le temps du débat en quatre, de façon à ce que chacun ait assez de temps pour se défendre ou convaincre. Il serait bon de débattre les sujets les uns après les autres.
5. Le vote devrait se faire selon les modalités suivantes: les adhérents d'un parti n'ont pas le droit de voter pour leur propre parti.
6. Pour donner plus d'ambiance à ce jeu, on demande aux élèves de participer activement au débat en applaudissant, protestant, interrompant etc.

Niveau D

Variation On pourrait jouer le même jeu autour d'un seul projet. On partagerait la classe en trois groupes, dont l'un serait chargé de trouver des arguments pour, l'autre des arguments contre, et le troisième composerait le jury.

L'organisation serait la même. Le jury indépendant chercherait lui-même ses arguments pour et contre pendant que les deux autres groupes préparent les leurs.

A la fin du débat, le jury accepterait ou refuserait le projet.

Niveau D

77 L'île tropicale

Buts Conversation, argumentation, discussion
Niveau D
Durée 25 minutes
Organisation Groupes de 3

Déroulement Le professeur distribue la fiche en page 118 aux élèves. Puis il leur dit: «Votre bateau a fait naufrage. Vous êtes les seuls survivants. Vous vous réveillez à moitié mort sur la plage d'une île tropicale en plein Océan Pacifique. Vous voyez l'épave du bateau dans la baie de l'île. Une tempête se lève. Il vous reste une heure pour emporter trois choses du bateau avant qu'il ne coule définitivement. Choisissez parmi les objets de la liste ceux qui vous semblent importants pour survivre pendant au moins un an.» Puis il divise la classe en groupes de trois élèves et leur dit de se mettre d'accord en cinq minutes sur les objets qu'ils veulent emporter. Le temps écoulé, chaque groupe doit indiquer ses objets aux autres et expliquer son choix.

Remarques

1. Chaque élève marque ses objets d'une croix et explique son choix à son voisin. A la fin, la classe doit se mettre d'accord sur l'ordre de leur importance.
2. Si le professeur veut faire parler les élèves plus longtemps, il peut leur demander de séparer les objets absolument inutiles des objets utiles à la survie et de dresser une liste de 1 à ... selon l'ordre de leur importance.

Niveau D

3. Plan de l'île et liste des objets au choix:

cartouches	couteau électrique	papier hygiénique
ancre	roman «Robinson Crusoe»	hache
briquet	équipement sanitaire	mouchoirs
papier	bouteilles à oxygène	fusil
stylo	baguette de pain	allumettes
Bible	parapluie	eau potable
Petit Larousse	harpon	café et thé
chaussures de tennis	bouteille de Pernod	canne à pêche
transistor	jeu de cartes	casseroles
dictionnaire médical	parasol	marteau et clous
semence	savon	moteur de bateau

Niveau D

78 Naufrage

Buts Conversation, argumentation, discussion
Niveau D
Durée 15 à 20 minutes
Organisation Groupes de 6

Déroulement Le professeur décrit d'abord la situation: tous les élèves sont sur un bateau et font une croisière en Méditerranée. A la suite d'une explosion, ils doivent tous évacuer le bateau rapidement par chaloupes de six. Mais avant, ils choisissent rapidement deux choses ou objets qui leur seront utiles pour un court séjour sur une île déserte. Les élèves inscrivent les noms des deux objets qu'ils emmèneront sur un papier et se groupent par six. Chaque chaloupe désigne un capitaine et celui-ci ramasse les listes d'objets. Il barre tous les objets qui sont en double. Puis le premier capitaine commence à lire sa liste. Les autres capitaines la comparent avec les leurs. Si une chose est commune à deux ou plusieurs chaloupes, elle est supprimée pour tous les groupes et jetée à la mer. Puis le second capitaine lit sa liste et les autres se manifestent s'ils ont un de ces objets. Chaque autre capitaine fait de même. A la fin, chaque groupe conserve quelques objets uniques et essaye d'en expliquer leur utilité et leur nécessité. Lorsque chaque groupe s'est exprimé, les chaloupes sont sauvées et accostent.

79 La nouvelle terre

> **Buts** Conversation, discussion, argumentation
> **Niveau** D
> **Durée** 25 à 30 minutes
> **Organisation** Groupes de 3

Déroulement Le professeur demande à chaque groupe de se choisir une profession différente. Il les note au tableau. Il informe les groupes qu'une nouvelle partie du globe a été découverte par un Français. Elle est encore inhabitée. La France veut en faire un pays habitable et désire y envoyer des Français qui exercent une profession utile au développement de ce pays. Or, personne n'a envie de quitter sa famille et ses amis pour aller dans ce pays lointain. Le professeur donne dix minutes aux élèves pour rassembler des arguments qui leur permettront de rester en France. Ils doivent expliquer d'une part pourquoi leur profession n'est pas tellement utile dans un pays si neuf, d'autre part pourquoi les autres professions sont peut-être plus utiles à son bon développement.
Au bout des dix minutes, chaque groupe envoie un représentant devant la classe. Les représentants exposent leurs arguments. A la fin, le reste de la classe décide par un vote de celui qui va devoir partir dans ce pays.

Remarque Si les élèves ont des difficultés à se trouver un métier, c'est le professeur qui leur en assigne un.

Variation On peut également jouer avec des groupes de cinq élèves. Le professeur informe les groupes qu'ils vont s'envoler à bord d'un ballon à air chaud vers une île tropicale merveilleuse. Il donne quelques minutes aux élèves pour choisir une profession qui leur semble importante, voire indispensable à leur survie sur l'île. Ensuite, le professeur dit que tout le monde est dans le ballon et qu'en cours de route il y a une fuite de gaz si bien qu'une personne doit descendre du ballon et atterrir ailleurs pour que les autres arrivent sains et saufs sur l'île.
Pour avoir des chances d'être parmi les privilégiés qui atteindront l'île, chaque élève doit expliquer pourquoi sa profession ou les instruments dont il se sert pour l'exercer y seront utiles à tous.
L'élève qui a la profession reconnue par le groupe comme étant la moins utile doit descendre en cours de route.

Niveau D

80 L'expérience NASA

Buts Conversation, argumentation
Niveau D
Durée Environ 45 minutes
Organisation En groupes

Déroulement Le professeur divise la classe en plusieurs groupes et leur distribue la feuille d'instructions ci-dessous :

Vous êtes membre d'une équipe de cosmonautes en orbite autour de la lune. Vous recevez l'ordre de rejoindre la grande capsule du commandant en chef qui se trouve sur la face éclairée de la lune. En route, vous avez des difficultés mécaniques et vous êtes forcés de poser votre petite capsule à une distance de 300 kilomètres du rendez-vous. En alunissant (c'est-à-dire en arrivant sur la lune) votre machine est détruite. Pour survivre, il faut marcher les 300 km jusqu'à la grande capsule. Ci-dessous vous trouverez une liste de 15 articles qui ne sont pas endommagés.

Votre tâche est de les mettre en ordre selon leur importance. Mettez le numéro 1 à côté du plus important, le numéro 2 à côté du second et ainsi de suite. Vous avez 15 minutes pour compléter la liste.

_____ boîte d'allumettes
_____ 20 mètres de corde en nylon
_____ unité de chauffage portative
_____ des feux de signalisation
_____ un carton de lait en poudre
_____ carte des étoiles visibles de la lune
_____ boussole magnétique
_____ trousse de première urgence
_____ nourriture concentrée
_____ parachute en soie
_____ deux revolvers, 45
_____ émetteur-récepteur à puissance solaire
_____ deux bouteilles d'oxygène de 50 kilos
_____ radeau de sauvetage
_____ vingt litres d'eau fraîche

Niveau D

Le professeur fait lire à chaque groupe tour à tour ce qu'ils ont trouvé le plus important et leur demande d'expliquer leur choix. Toute la classe décide au cours d'une discussion du numéro 1 et des suivants. Ensuite, lorsqu'on a une liste représentative du choix de toute la classe, on la compare à celle de la NASA.
Voici l'évaluation de la NASA:

1. Deux bouteilles d'oxygène	– pas d'oxygène sur la lune
2. 20 litres d'eau fraîche	– nécessaires pour vivre
3. carte des étoiles	– nécessaire pour la navigation
4. nourriture concentrée	– nécessaire pour l'énergie
5. émetteur-récepteur	– communications
6. 20 mètres de corde en nylon	– pour traverser les montagnes
7. trousse de première urgence	– pour les premiers soins
8. parachute en soie	– pour porter des choses
9. radeau de sauvetage	– pour porter, pour abriter
10. feux de signalisation	– pas d'oxygène
11. deux revolvers, 45	– propulsion
12. carton de lait en poudre	– va mieux avec de l'eau
13. unité de chauffage portative	– la face éclairée est chaude
14. boussole magnétique	– champ magnétique différent de celui de la terre
15. boîte d'allumettes	– pas d'oxygène sur la lune

Notes du professeur

Notes du professeur

Notes du professeur

Registre

But	Niveau			
	A	B	C	D
à qui est …	10			
accord de l'adjectif	13, 27, 48	27, 48	48	
adjectif	27	27, 47	62	
→ accord				
→ comparaison				
adjectifs possessifs	31, 41	31, 41, 57	41, 57	
adverbe → comparaison				
adverbe de quantité	28	28		
affirmation	34	34		
alimentation	28	28		
alphabet	6, 7, 9,			
argumentation				76, 77, 78 79, 80
article défini	10			
article indéfini	10, 27	27		
article partitif	28	28		
boissons	28	28		
capitales		49 Var.		
c'est à/de	10			
champs lexicaux				
boissons	28	28		
capitales		49 Var.		
choisi	16, 20, 40	16, 20, 40	40	
couleurs	13			
habillement	13			
matériel scolaire	9 Var., 10			
nourriture	28	28		
noms de pays		49		
parties du corps	27	27		
prénoms		49		
universel	9, 27, 40, 42	27, 40, 42	40, 42, 54 54	

But	Niveau			
	A	B	C	D
civilisation française	42, 44	42, 44	42, 44	44, 74
combien de		53	53	
comme		65 Var. 4		
comparaison		48, 57	57, 70	70, 80
complément d'objet	40	40	40	
complément de quantité	28	28		
composition		59	59, 68, 69 70, 71	68, 69, 70 71, 73, 75
conditionnel		56	56, 65	
conditionnel passé			65 Var. 2	
conversation	33	33, 60 Var. 2/3/4	60 Var. 2/ 3/4, 67 68, 70	60 Var. 2/ 3/4, 67, 68 70, 72, 74 75, 77, 78 79, 80
créativité	14	14, 55	55, 68, 69, 71	69, 71, 75
description d'une personne	13	57, 58	57, 58	
discours indirect				73
discussion			68	68, 76, 77, 78, 79, 80
est-ce (que c'est)	9			
être à/de	10			
expression libre		51, 55, 58 59	55, 58, 59, 66, 68, 69	68, 69, 71, 75
futur (→ temps)	33	33, 46, 55	55	
futur simple (→ temps)	33	33, 46, 55	55	
grammaire → temps				
heure	5	47 Var.		
il n'y a pas de ...	40	40	40	
imparfait (→ temps)		46	63, 65	

But	Niveau			
	A	B	C	D
impératif	11, 12		64	
indications de lieu	30	30		
infinitif	6, 28, 40 Var.	29, 40 Var., 46	40 Var.	
infinitif passé	40 Var. 2	40 Var. 2	40 Var. 2	
interrogation	34	34, 54	54	
jeux universels	25, 31, 32, 41, 42, 44	25, 31, 32, 41, 42, 44, 47	41, 42, 44	44
jeux traditionnels	2, 9, 10, 11, 15, 17, 34, 36	15, 17, 34, 36, 54	36, 54	
lettres → alphabet				
lieu → indications de lieu				
narration			71	71
négation	34	34, 45		
nom	29	29, 47		
nombres	1, 2, 3, 4, 5, 15	15, 47 Var. 2, 53	53	
noms de pays		49		
nourriture	28	28		
orthographe	7, 14, 16, 17, 20, 21, 23, 35, 37, 43	14, 16, 17, 20, 21, 23, 35, 37, 43, 61	35, 37, 43, 61	43, 61
parce que		56 Var.	56 Var., 65 Var. 3	
participe passé		47		
parties du corps	12, 27	27		
pas de	40	40	40	
passé composé	33, 44	33, 44, 46, 47	44, 65	44
pays		49		
plus-que-parfait			50 Var. 2	
prénoms		49, 58	58	